ビジネス現場の中国語

北原　恵　韓軍著

東方書店

目　次

まえがき 5
登場人物紹介 9

第 1 課　上班途中（朝の通勤時）..10
　　　　　中国の会社の形態／中国と日本の会社における役職名

第 2 課　早晨开始工作（朝の仕事はじめ）..18
　　　　　中国語の敬語表現について／「**各行业通用文明用语**」ベスト20

第 3 課　早上的工作会议（朝の業務会議）..26
　　　　　中国と日本の企業文化

第 4 課　接电话（電話での対応）..36
　　　　　電話の応対でよく使うフレーズ

第 5 課　安排拜访客户（顧客訪問の手配）..44
　　　　　中国の経済発展の軌跡──五カ年計画

第 6 課　接待客人（来客時の対応）..51
　　　　　縁起のよくない贈答品と無難なお土産／中国のお茶

第 7 課　公司面试（会社の面接）..59
　　　　　出身地方による人の特徴／中国人の苗字「姓」の由来

第 8 課　走马上任（挨拶回り）..69
　　　　　日本の各都道府県と中国の友好省一覧／両国の政府首脳交流の軌跡

第 9 課　出差准备（出張準備）..76
　　　　　"似是而非"──似て非なる日本語と中国語

第10課　午饭时的会话（昼食時の会話）..84
　　　　　各地の中華料理／AA制（割り勘）の由来

第11課　接机准备（空港出迎え）..93
　　　　　中国の省・都市名

第12課　在酒店办理入住手续（ホテルのチェックイン手続き）..............101
　　　　　世界中に広がる華人ネットワーク──海外のチャイナタウン

第13課　参观工厂（工場見学）..109
　　　　　中国企業の海外進出

第14課	洽谈业务（商談）	118
	買い物での値切り交渉	
第15課	处理投诉（クレーム対応）	126
	中国の主な祝日	
第16課	未回收款的报告（未収金の報告）	135
	中国の干支と縁起のよい動物	
第17課	计划方案说明会（計画案のプレゼンテーション）	143
	中国社会における宗教文化の伝来と信仰	
第18課	纪念庆典（記念式典）	151
	冠婚葬祭のことば	
第19課	生日宴会（誕生日の祝宴）	160
	宴席を催す場合の注意点	
第20課	年末下班后的望年会（年末アフターファイブの忘年会）	168
	中国の方言について	

巻末資料
- 中国語についての基礎知識 178
- 中国語の発音 183
- 仕事で役立つ用語集（理系編） 188
- 仕事で役立つ用語集（文系編） 194
- 世界各国の通貨 200
- 世界の企業 202
- 中国語における色に関する表現 205
- 数字に関連した中国語の「熟語」表現 208
- 度量衡 211
- 中国歴史年表一覧 212

CDには、本文会話を収録しています。①自然会話モード（No.1～20）②ゆっくり会話モード（トラックNo.21～40）の2種類がありますので、学習者のレベルに合わせてお使い頂けます。また、巻末資料／中国語の発音（No.41～49）も収録していますので、復習にご利用ください。

まえがき

　古(いにしえ)の時代より日本は漢字や仏教など中国から多くの文化的影響を受けてきた。以前は、ビジネスの場面で話題になることが多い中国であったが、外国人観光客や来日留学生、国際交流が活発化する今日、中国は依然として最も身近に感じられる「一衣帯水」の隣国だといえよう。国土交通省の統計によると、2017年の訪日外国人旅行者数において、中国は全体の25.6%（736万人）を占め、以下、韓国（714万人）、台湾（456万人）、香港（223万人）と続く。時折しも、日本政府は、平成29年に「観光立国推進基本計画」を打ち出し、2020年の東京オリンピックならびに2025年の大阪万博の開催を控え、2017年時点で2800万人超の訪日外国人数も、2030年までに6000万人規模にまで増加するという見通しだ。

　このように、我々の身近な場面でも、「中国パワー」を感じることが日常茶飯事になってきた。街角や観光地で中国人観光客の中国語が聞こえ、コンビニの店員の名札を見ると中国人従業員だったり、我々の日常の生活の中においても「中国」や「中国語」に触れる場面が数多くある。そもそも世界の人口が約69億人（2010年）であるのに対し、うち約13億人以上の人々が中国語を母語としている。まさに世界の約5人に1人は中国語を話すと推測できよう。また、母語話者ではなくて世界で中国語を学ぶ人の数は約4000万人（2009年）にも達し、日本でも約200万人の人が中国語を勉強しているという。

　今日、ビジネスの現場では英語に次いで必要性の高い中国語であるが、とりわけこの数年間に急に関心が高まってきたように思う。思い起こせば、天安門事件の数年後、自身もやりたかった中国関係の仕事を目指して日本の小さな会社に転職した時から中国とのつきあいが始まった。そして、日本人女性が中国現地で働くことが非常に珍しかった1990年代後半には、中国にある中国人経営の小さな会社で現地採用で働いた。当時、中国人と交渉するに足る十分な語学力がなかった私は、中国人同僚にいつも助けられていたものだ。彼らとほぼ同じ給与待遇で同じ釜の飯を食べ、残業した後に中国語しか通じない小さな店に行っては中国人同僚と餃子やラーメンを食べていたことが今でも懐かしい。

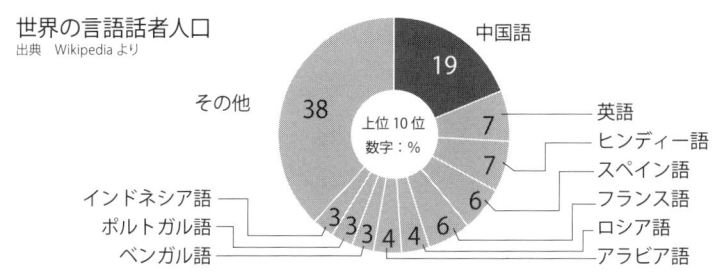

世界の言語話者人口
出典　Wikipediaより

中国人経営の会社で働いていた時は、中国人同士の速い会話に耳を澄ませ、まるで外国語のように聞こえる広東語や上海語などの方言が出てきたら何とか一言でも多く聞き取ろうと必死だった。その時に、基礎学力としての教科書の中国語はもちろん非常に重要であるが、それだけでは実際のビジネス界では不十分であることを身をもって体験した。また、業務の中ではその業界でしか使われないような「専門用語」「テクニカルターム」がある。中国語にあって日本語にはない単語、その逆で日本語にはあって中国語にはない単語などにいつも頭を悩まされた。その業界で必要とされるビジネスでの基本知識が不可欠であることはいうまでもなく、さらに日本語での概念をきっちり把握していないと、結局、翻訳や通訳をする際にきちんと相手に伝わらなかったり、誤訳となってトラブルの原因となりうるからだ。

　このように、いくつもの壁とトラブルを乗り越えた経験が、今では貴重な「人生の宝物」となっている。そして、日本の大学での研究活動においては、中国語を駆使して様々な情報を収集して分析したり、活字として表現する方法を先生方からご指導賜ったことをここに深く感謝申し上げたい。

　また、この本の共同執筆者である韓軍先生には中国語はもちろんのこと、中国人の考え方、習慣、風習、社会事情等に関しての様々なご教示を頂いた。先生ご自身は語学を専攻され、中国の大学でも教鞭を執られていた。1989年に来日され、大学院修了後は貿易会社に勤務し、実際の日中ビジネス現場での経験を積み、今は大学で次世代を担う日本人の学生に日々中国語を教えておられる。先生は第一線の大学教員として、まさに中国語教育と日中ビジネス現場の両分野で豊富な経験をお持ちである。長年の私との「老朋友」のつきあいは、今も昔も変わらない。

　以上のように、本書は日中両国のビジネスと教育の「現場」に身を投じて自ら体験した日本人と中国人の二人が、それぞれの立場での視点を交えながら共同で執筆したものである。仕事上の課題は「現場」から生まれる。現場を知らないで本当の課題は理解できない。同様に、ビジネス中国語も、常日ごろ仕事をする中で表現上の問題や新しい単語の使用など、様々な課題が生まれてくるものであると考える。

　そこで、本書ではビジネスマンが実際の「現場」で求められる場面を想定して本文を作成し、各課の最後には独習できるよう練習問題を多く準備した。さらに、ビジネス文化事情に関するコラムを設け、巻末には資料を掲載するなど、ビジネス現場に密着したコンテンツを収集、紹介するよう心がけた。実際の仕事で中国と向き合うビジネスマンや基礎を学び終えた独習者を主な対象者としつつも、文系出身者から理系出身の人まで専攻分野にこだわらず、さらには、将来中国と関係する仕事がしたいと思っている学生など、より幅広い層の方々に楽しく学んで頂けることを期待してやまない。「対中ビジネスのパートナー」として本書をご活用頂ければ幸甚である。

【本テキストを利用される方に】

1. 本書の構成及び特徴
- 実際のビジネスで遭遇しやすいストーリー性をもった各課のスキット展開
- 中国語と日本語の学習を中心にしつつ、新出単語については英訳も併記
- 各課の内容を復習できる「練習問題」を活用し、短時間でポイント学習が可能
- 日中ビジネスをとりまく環境、関連情報などの紹介でビジネス予備知識を習得

各課は、「本文（中国語／日本語）」「新出単語（中国語／日本語／英語）」「文法解説」「練習問題」「コラム／豆知識」の5部からなり、全20課の構成となっている。

2. 学習方法、活用方法
　本書は会社での日常の業務場面に応じて活用頂ける。必要な場合は、出張先にも携帯して頂けるだろう。また、大学等で活用頂く場合は、ビジネス中国語の科目や基礎中国語の中級クラス以上で利用頂くと効果的である。学生のみなさんには「会社」「企業」に関する予備知識、イメージを持って就職活動して頂く際の一助になれば幸いである。

《学習の進め方》
　中国語は音楽のような言葉。だからこそ、初めはリスニングが非常に難しい。音声と文字の両方から学ぶことが大切である。まず各課のイラストを見て、場面をイメージする。次にCD音声だけで、どれぐらい内容を聞き取れるか試してみよう。その後、内容を聞き取れた理解度に応じて、本文の中国語や日本語の参考訳を活用するとよい。
　文法の解説と例文は、自分で詳しく独習する際の大きな助けになろう。最後の仕上げでは、各課の練習問題を活用してしっかり基礎を身につける。練習問題については、巻末に模範解答例を掲載しているので、必要に応じてご参照頂きたい。

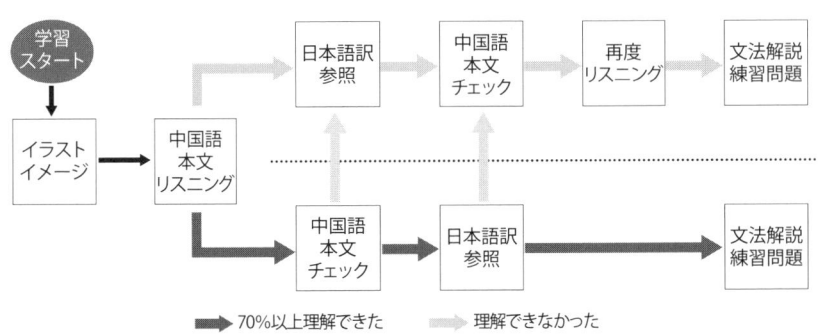

【出版（再版）にあたって】

　以前、大学での勤務時代に、初めてビジネス中国語教材の作成を試みた。数か月後に授業で使うという時間的な制約もあり、原稿が十分なものではなかったと自省している。いつか原稿の修正を行いたいと思いながら、ドクターストップがかかって身体が思うように動かなかった時期もあり、やむを得ず中断したり、諸般の事情によってなかなか実現できなかった。しかし、韓先生とも相談しながら、諦めずに数年にわたり一緒に執筆を続けてきたことが、この度、一つの集大成となったことは、喜びに堪えない。

　また、ビジネスに密着した題材をできるだけ取り入れ、中国人社員の同僚と協力して社内の有志で自主的に開催していた「中国勉強会」のサークル活動では、社員のみなさんは忙しい中でも寸暇を惜しんで活動に参加して下さった。中国出張の機会がある人、ない人、さまざまであるが、「中国語が話せるようになりたい」「出張で使えるようになりたい」と熱心に学びに来られるその真摯な姿にも励まされ続けた。同時に、第一線のビジネスマンの方々から、業務におけるさまざまな現場の声や貴重な質問を頂いたことにもお礼申し上げたい。

　一方で、今日では、初版の本テキストを制作した時より、時代とともに社会も変化し、初版の豆知識での情報やデータは些か陳腐なものとなってしまった。今回の再版では、そのような点にも配慮して、内容を加筆修正している。そして、海外に行かず、日本にいても何となく中国語が聞こえてくる現状を誰もが認識しているように、外国人観光客の来日増加に伴い、中国語は会社や企業でのビジネス場面だけでなく、日常生活や買い物の店舗、道行く外国人からの問合せ、インターネットやスマホを通して巷でさらに一般化してきており、誰もが気軽に触れることができる言語となってきている。今後は、そのような場面を考えた「ビジネス中国語」教材の開発も必要となることであろう。

　本書は、著者が継続的に日本ビジネス中国語学会の学会活動に参加していたところ、幸運にも藤本恒前会長から、東方書店様をご紹介頂いたご縁によって生まれた。こうして長年書き溜めてきた原稿が、再び活字の陽の目を見ることになったのである。「本当に私のような者がビジネス中国語の本を執筆してよいのだろうか」と何度も戸惑った。藤本恒先生はそんな私の背中を押して下さり、また原稿執筆の過程でも藤本恒先生、東方書店取締役の川崎道雄様の両氏には詳細にわたるアドバイスを頂いた。ここに深くお礼申し上げたい。本書の出版にあたっては、非常に多くの方々の協力とご指導を頂いたことをこの紙面をお借りし、心から感謝申し上げる。

2018 年 12 月
著　者

登場人物紹介

> 日本に本社を置く「ホームフード株式会社」は、年商約3000億円の大手菓子製造メーカー。近年、中国を従来の「生産基地」としてだけではなく、「消費市場」として開拓するため上海に支社を構え、中国の消費者に受け入れられる日本の味を開発中。現地の中国人スタッフと協力し、中国の社会に深く根差した会社づくりを目指している。

主人公：田中課長

何も分からず中国に赴任して早や2年。課長に昇進した田中氏は、日々、中国の市場開拓に余念がない。同僚の李さんとの行方は？

同僚中国人：李月琴秘書

ホームフード上海支社の北野社長の秘書。日本語が堪能で才色兼備な上海女性。

上海食品：王部長

上海で長年取引がある有名なお菓子メーカー「上海食品」の部長。

会社上司：北野社長

ホームフード上海支社の社長（総経理）。中国語は長年の駐在で身につけた。カラオケとお酒が大好きな中国好きのおじさん。

現地支社：孫副社長

ホームフード上海支社の中国側のトップ。上海では北野社長と二人三脚で経営に携わる。中国側との交渉、人脈開拓には欠かせない人物。

面接応募者：葉忠

大学でマーケティングを専攻し、長年大手百貨店で勤務した経験を買われ、ホームフードのキャリア採用面接を受けた転職組の新入社員。

第 1 课　上班途中
Shàngbān túzhōng

课文　1·21

李月琴：（接电话）喂，和睦福多食品公司。
　　　　(jiē diànhuà) Wéi, Hémù fúduō shípǐn gōngsī.

田　中：我是田中，现在正在去公司的路上。
　　　　Wǒ shì Tiánzhōng, xiànzài zhèngzài qù gōngsī de lùshang.

李月琴：啊，是田中科长呀，您怎么了？
　　　　Ā, shì Tiánzhōng kēzhǎng ya, nín zěnme le?

田　中：因为交通事故，现在高速公路有些堵车，
　　　　Yīnwèi jiāotōng shìgù, xiànzài gāosù gōnglù yǒu xiē dǔchē,

　　　　我可能晚到一会儿，帮我转告一下好吗？
　　　　wǒ kěnéng wǎn dào yíhuìr, bāng wǒ zhuǎngào yíxià hǎo ma?

李月琴：好，知道了。您开车注意点儿安全啊。
　　　　Hǎo, zhīdao le. Nín kāichē zhùyì diǎnr ānquán a.

田　中：谢谢！麻烦你了。
　　　　Xièxie! Máfan nǐ le.

李月琴：不客气，回头见。
　　　　Bú kèqi, huítóu jiàn.

朝の通勤時

【日本語訳】

李月琴 ： （電話を受ける）はい、ホームフード（株式会社）でございます。
田　中 ： 田中です。今、会社へ向かう途中なのですが……。
李月琴 ： あら、田中課長、どうされました？
田　中 ： 交通事故のため、今、高速道路が渋滞しているので、
　　　　　出社が少し遅れそうです。そのように伝えて頂けますか。
李月琴 ： はい、わかりました。車の運転は、安全に気をつけて下さいね。
田　中 ： すみません（ありがとう）、お手数をかけるね。
李月琴 ： いえいえ。では、のちほど。

第1課

新出単語／重要語句

喂 wéi	もしもし	英 Hello.
wèi	あのう、ちょっと（呼びかけ）	英 Hey! (informal)
和睦 hémù	仲が良い	英 to have good relations
福多 fú duō	福が多い	英 happy
	*ここでは、固有名詞の「和睦福多食品公司（ホームフード食品会社）」として用いる。	
路上 lùshang	道中、途中	英 on the way; on the road
怎么 zěnme	どう、どのように	英 how
	なぜ、どうして	英 why
因为 yīnwèi	〜なので、〜だから	英 because
交通事故 jiāotōng shìgù	交通事故	英 traffic accident
高速公路 gāosù gōnglù	高速道路	英 highway
堵 dǔ	ふさがる ▶堵车：渋滞する	英 to block; to be backed up (traffic)
可能 kěnéng	〜かもしれない、らしい	英 may, might
帮 bāng	手伝う、代わりに〜する	英 to help
转告 zhuǎngào	伝言する	英 to leave a message
开车 kāichē	車を運転する	英 to drive
安全 ānquán	安全だ／安全	英 safe, safety
麻烦 máfan	手数をかける、迷惑をかける	英 Sorry to bother to you....
回头见 huítóu jiàn	のちほど	英 See you later.

文法解説

1. 我是田中。／ 您怎么了？
人称代名詞

	一人称	二人称	三人称
単数：	我（わたし）	你　您（あなた）	他　她　它（彼／彼女）
複数：	我们（わたしたち）	你们（あなたたち）	他（她／它）们（彼ら／彼女ら）

※話し手と聞き手が両方含まれている場合「咱们（zánmen）」を用いる。

2. 我是田中。
「是」（判断と断定を表す）を用いる動詞述語文
☞ 〜は……である（……です／……だ）
　ⅰ 这里是和睦福多食品有限公司。　　ⅱ 她是我妹妹。

3. 现在正在去公司的路上。
副詞／前置詞「在」
　①副詞：「在 + 動詞」動作や出来事が現在進行中であることを表す。
　☞ 〜している
　ⅰ 我们在工作。　　ⅱ 他在吃饭。
　②前置詞：「在 + 場所 + 動詞」動作が行われている場所を表す。
　☞ 〜で
　ⅲ 我在车站等你。　　ⅳ 我在贸易公司工作。

4. 您怎么了？
疑問代詞「怎么」
　①「怎么 + 動詞」：ある動作について、そのやり方・方法を尋ねる。
　☞ どう、どのように〜
　ⅰ 去车站怎么走？　　ⅱ 你的名字怎么写？
　②「怎么 + 動詞 + 了」：ある動作について、それを行った原因・理由を尋ねる。
　☞ なぜ、どうして〜したのか？
　ⅲ 他怎么一个人去了？　　ⅳ 你怎么忘了？
　③「怎么 + 不／没 + 動詞」：ある動作について、しない／しなかった原因・理由

を尋ねる。☞なぜ、どうして～しないの？／～しなかったの？

　　v 你怎么不学习？　　　　　　　vi 他怎么没来？

5. 您怎么**了**？
助詞「了」

①アスペクト助詞「了」☞～した、していた、～している、～したら
動詞の後ろに付き、動作や変化が問題の時点において「完了している」こと、すなわち「すでに実現済み」の局面（相）にあることを表す。

　　i 我喝了一杯咖啡。　　　　　ii 下了课，就回家。

②語気助詞「了」：文末において状況の変化、新しい事態の発生などを表す。
☞～になった、～くなった、～した

　　iii 天气冷了。　　　iv 我饿了。　　　v 他二十岁了。

　　　※否定形は、「没（有）＋動詞」で表す。

　　vi 我做作业了。（肯定）　　vii 我还没有做作业。（否定）

6. **因为**交通事故，……
接続詞「因为」

因果関係を表す複文に用いられ、原因や理由を表す。
☞～ので、～だから、～のため
因果関係を強調するために「**因为**～，**所以**……」の形で用いられることも少なくない。

　　i 因为工作太忙，没时间约会。　　ii 昨天我没去，因为有别的事。
　　iii 因为治疗及时，所以病很快就好了。

7. 我**可能**要晚到一会儿。
副詞「可能」

動詞の前に置き、物事が起り得る可能性がある推量を強調する。
☞～だろう、～かもしれない

　　i 明天可能下雨。　　　　　　ii 他期末考试可能不及格。

8. 我可能晚到一会儿。

時量補語「～一会儿」：動詞の後について、(短い時間の) 時量を表す。

　「動詞 + 一会儿」☞ ほんのしばらくの間～する

　　i 山本先生等一会儿就来。　　ii 看一会儿杂志再走。

9. 帮我转告一下好吗？

動量補語「～一下儿」：動詞の後について、(軽く行う動作の) 動量を表す。

　「動詞 + 一下儿」☞ ちょっとだけ～する、少し～する

　　i 请你通知大家一下儿。　　ii 我来介绍一下儿。

10. 帮我转告一下好吗？

基本的な疑問文

　①語気助詞「吗」：(当否疑問文を作る) ☞ ～か

　平叙文の文末に用い、事柄の真偽を尋ねる。

　　i 他是日本人吗？　　ii 你不去吗？　　iii 今天星期天吗？

　②疑問詞疑問文：疑問詞 ☞ ～か

「什么 (何、何の)、哪儿 (どこ)、谁 (だれ)、几 (いくつ、いくら)、怎么 (どうして、どのように、どんな)」などの疑問詞を用い、未定の要素についての疑問を表す。

　　iv 那是什么？　　v 他是谁？
　　vi 你在哪儿？　　vii 现在几点？

上班途中 ● 朝の通勤時

練習問題

A. 本文を参考にして、ピンインを中国語の簡体字になおしましょう。
1. Nǐ zěnme le?
2. Máfan nǐ le.
3. Nàme, wǒmen huítóu jiàn.

B. 本文を参考に、下線の部分を入れ替えて読んでみましょう。
1. 现在正在去 ＿＿＿＿ 的路上。（学校　图书馆　百货商店　酒店）
2. 因为 ＿＿＿＿，我可能要晚到一会儿。（感冒　身体不舒服　地铁延误）
3. 帮我 ＿＿＿＿ 一下儿，好吗？（看　找　写　问　开　听）

C. 本文を参考にして、以下の単語を並び替え、正しい文章に作文してみましょう。
1. （怎么　了　你）
2. （我　帮　一下　你　转告　请　好吗）
3. （注意　要　安全　时　点儿　开车）

D. 次の日本語を中国語に訳してみましょう。
1. では、またあとで（のちほど）。
　　＿＿＿＿＿＿＿＿＿＿＿＿＿＿＿＿＿＿＿＿＿＿＿＿＿＿

2. 今、部長は会議中です。
　　＿＿＿＿＿＿＿＿＿＿＿＿＿＿＿＿＿＿＿＿＿＿＿＿＿＿

3. ちょっと荷物を持って頂けませんか。
　　＿＿＿＿＿＿＿＿＿＿＿＿＿＿＿＿＿＿＿＿＿＿＿＿＿＿

第1課

15

中国の会社の形態

　中国の人々は自分で独立開業を好む人が多く、その起業家精神は「宁占鸡头, 不立凤尾（鶏口となるも牛後となるなかれ）」といわれる。それは、日本の企業数が約450万社前後であるのに比べて、中国は約1億社という数の多さにも現れている。

　また、中国では会社名の後ろに「股份有限公司」という表記をよく見かけるが、これは「株式会社」という意味で、日本の「有限会社」のイメージとは異なるので気をつけよう。1990年代には外国企業は合弁形態での中国進出しか認められなかったが、2000年代には独資も認められるようになった。

中国の企業形態の例

企業の種類	中国語	企業形態
国有企業	国有企业 guóyǒu qǐyè	資産が国の所有に属する企業。自動車、石油、科学工業など超大型企業。 （例）宝山钢铁厂
私営企業	私有企业 sīyǒu qǐyè	資産が個人所有で、従業員が8人以上の企業。
個人企業	个体户 gètǐhù	資産が個人所有で、従業員が8人未満の企業。
株式企業	股份有限公司 gǔfèn yǒuxiàn gōngsī	資産が株主所有の会社。 （例）联想（Lenovo）、海尔（Haier）
外資企業	外资企业 wàizī qǐyè	資産が外国企業の所有による企業。 （例）Sony
合弁企業	合资企业 hézī qǐyè	中国と外国の企業の双方が共同経営する株式企業。 経営権は出資比率によって決まる。
合作企業	合作企业 hézuò qǐyè	契約規定の投資・合作条件で共同経営する企業。 全てが事前の契約に基づく。
独資企業	独资企业 dúzī qǐyè	100%外国企業・外国人投資家の資産による企業。

豆知識

中国と日本の会社における役職名

　日本の会社では、社内では「さん」を使い、対外的には「部長」「課長」など役職名を使って言うことが多い。中国では社内での挨拶について、ポストや年齢が下の者が上の者を呼ぶ時は、尊敬の意味も込めて「老〜(Lǎo)」と呼び、上の者が下の者を呼ぶ時は「小〜(Xiǎo)」「阿〜(Ā)」のように親しみを込めて呼ぶ。また、フォーマルな場合は、男性に対しては「〜先生(xiānsheng)」、女性に対しては「〜女士(nǚshì)、〜小姐(xiǎojiě)」を使う。

社内の役職・肩書きの呼称

職務階層	役職名（日本語）	役職名（中国語）	発音（ピンイン）
経営層	取締役会長	董事长	dǒngshìzhǎng
	社長／CEO	总经理／总裁	zǒngjīnglǐ／zǒngcái
	副社長	副总经理	fù zǒngjīnglǐ
	役員	董事	dǒngshì
	専務	专务	zhuānwù
	常務	常务	chángwù
管理職層	部長	处长	chùzhǎng
	マネージャー	经理	jīnglǐ
	工場長	厂长	chǎngzhǎng
	課長	科长	kēzhǎng
	係長	主任	zhǔrèn
所属部門各課	秘書室	秘书科（处）	mìshūkē(chù)
	総務課	行政管理科（处）	xíngzhèng guǎnlǐkē(chù)
	経理課	财务科（处）	cáiwùkē(chù)
	技術課	技术科（处）	jìshùkē(chù)
	開発課	开发科（处）	kāifākē(chù)
	営業課	经销科（处）	jīngxiāokē(chù)
	購買課	采购科（处）	cǎigòukē(chù)
	法務課	法务科（处）	fǎwùkē(chù)
一般社員	社員	公司职员	gōngsī zhíyuán

第 2 課 早晨开始工作
Zǎochén kāishǐ gōngzuò

課文

（李月琴在擦办公桌）
(Lǐ Yuèqín zài cā bàngōng zhuō)

田　中：你早，小李。
　　　　Nǐ zǎo, Xiǎo Lǐ.

李月琴：早上好！田中科长。你总是一大早就这么精神饱满。
　　　　Zǎoshang hǎo! Tiánzhōng kēzhǎng. Nǐ zǒngshì yídàzǎo jiù zhème jīngshen bǎomǎn.

田　中：你才是呢。每天都这么早就到。
　　　　Nǐ cái shì ne. Měitiān dōu zhème zǎo jiù dào.

　　　　昨天晚上的欢迎会大家都喝了不少，
　　　　Zuótiān wǎnshang de huānyínghuì dàjiā dōu hēle bùshǎo,

　　　　也不知北野总经理回去以后怎么样了？
　　　　yě bùzhī Běiyě zǒngjīnglǐ huíqù yǐhòu zěnmeyàng le?

（北野总经理从后面走进来）
(Běiyě zǒngjīnglǐ cóng hòumian zǒujinlai)

北野总经理：大家早！各个部门负责的都来了吗？
　　　　　　Dàjiā zǎo! Gè ge bùmén fùzé de dōu lái le ma?

朝の仕事はじめ

早晨的工作会议开始吧！
Zǎochén de gōngzuò huìyì kāishǐ ba!

田　中：哎哟，这真是"说曹操，曹操就到"呀！
Āiyō, zhè zhēnshì "shuō Cáo Cāo, Cáo Cāo jiù dào" ya!

开会！开会！
Kāihuì! Kāihuì!

第2課

【日本語訳】

（机の上を拭いている李月琴さん）

田　　中： おはよう、李さん。

李　月　琴： おはようございます、田中課長。いつも朝早くから元気がいいですね。

田　　中： 李さんこそ。いつも、朝早くから出勤しているね。
昨晩は、歓迎会でみんなかなり飲んでいたようだけど、北野社長は無事帰れたかな？

（北野社長が後方から現れる）

北野社長： おはよう。
各部門の責任者は揃っているか。さぁ、朝のミーティングを始めるぞ。

田　　中： おっといけない、「噂をすれば影」とはこのことだ！　会議！　会議！

新出単語／重要語句

早上好 Zǎoshang hǎo	おはようございます	英 Good morning.
科长 kēzhǎng	課長	英 chief
总是 zǒngshì	いつも	英 always
精神 jīngshen	元気、格好いい	英 spirit; energy
饱满 bǎomǎn	豊かである、満ちている	英 full; filled
到 dào	到着する	英 arrive
昨晚 zuówǎn	昨夜、昨晩	英 last night
欢迎会 huānyínghuì	歓迎会	英 welcome party
总经理 zǒngjīnglǐ	総経理、社長	英 managing director
部门 bùmén	部門	英 section; division
早晨 zǎochén	朝、朝方	英 morning
会议 huìyì	会議	英 meeting
哎哟 āiyō	あれっ、おっと、おや	英 Oh, no!; Ouch!
说曹操，曹操就到 shuō Cáo Cāo, Cáo Cāo jiù dào	噂をすれば影	英 Speak of the devil.

文法解説

1. 你总是一大早就这么精神饱满。

副詞「就」

①「就 + 動詞」:次の動作がすぐに起る時や、ある範囲に限定される場合に用いる。
☞ すぐに、じきに　　　　　　　　ⅰ 等一下，我就来。
☞ だけ～する、しか～しない　　　ⅱ 他就吃鱼不吃肉。

②「量的表現 + 就」:数量的に少ない、時間的に短い、距離的に近いことを表す。
☞ たったの～、ほんの～、わずか～
ⅲ 三块钱就够了。　　ⅳ 三分钟就到。　　ⅴ 我家到车站就三百米。

③「就 + 是」:肯定を強調する。☞ ～こそ、～が
ⅵ 他就是我们的老师。　　ⅶ 这就是天安门。

2. 你总是一大早就这么精神饱满。

指示代詞「这么（那么）」

①「这么（那么）+形容詞」:後ろの形容詞の程度を表す。
☞ このように、こんなにも（そのように、そんなにも）（あのように、あんなにも）
ⅰ 今天这么冷，不想去学校。　　ⅱ 没想到汉语那么难。

②「这么（那么）+動詞」:後ろの動詞の様子・状態を修飾する。
☞ このように（そのように）
ⅲ 你这么说没有道理。　　ⅳ 他为什么要那么做呢？

3. 你才是呢。

副詞「才」

①「才 + 是 + 名詞」☞ ～こそ……だ
ⅰ 你才是天才。　　ⅱ 这儿才是我梦中的乐园。

②「才 + 動詞」:動作の発生・完了が遅いことを表す。☞ やっと、ようやく
ⅲ 你怎么才来？　　ⅳ 我才知道这件事儿。

③「才 + 形容詞 + 呢」:語気を強める。☞ とても
ⅴ 你不知道才怪呢。　　ⅵ 昨天的比赛才精彩呢。

④「才 + 数（時）量表現 + 動詞句」☞ わずか～だ、まだ～だ
語気として数量が少ない（時間が短い、早い）と感じることを表す。

vii 他才两岁就会写字。　　　　　viii 才八点还早呢。

⑤「才 + 不 + 動詞（+ 呢）」：否定の語気を強める。☞〜するものか

ix 我才不去那种地方呢。　　　　x 这么贵我才不买呢。

4. **在昨天晚上的欢迎会大家都喝了不少。**

副詞「都」

①「都」の前にある事物が、すべての範囲にわたることを表す。

☞すべて〜、みな〜

　i 我们都喜欢吃中国菜。　　　　ii 老师什么都知道吗？

　※否定の場合は全面否定（都 + 不）と部分否定（不 + 都）の二つの用法がある。

　iii 我们都不是日本人。　　　　iv 我们不都是日本人。

②物事がある状態に完全に達していることを表す。☞すでに〜、もう〜

　v 天都黑了，你们快回去吧。　　vi 都三十岁了，还没结婚。

5. **早晨的工作会议开始吧！。**

語気助詞「吧」：文末において、提案、意志、命令、勧誘、確認、推測などを表す。

☞〜ましょう、〜でしょう、〜しなさい

　i 我去吧。　　　　ii 你来吧。　　　　iii 他是日本人吧。

6. **这真是"说曹操，曹操就到"呀！**

说〜就……☞〜と言ったら、すぐ……

　i 草原的天气说变就变。　　　　ii 他说走就走了。

上海のリニアモーターカー

練習問題

A. 本文を参考にして、ピンインを中国語の簡体字になおしましょう。

1. Dàjiā zǎo!
2. Tā shì wǒmen gōngsī de zǒngjīnglǐ.
3. Wǒmen kāihuì ba!

B. 本文を参考に、下線の部分を入れ替えて読んでみましょう。

1. 他总是 _____ 。(很忙　迟到　一个人去)
2. 不知 _____ 怎么样了？(你最近　她回国后　他们学习)
3. 你们每天都 _____ 吗？(见面　上班　看电视)

C. 本文を参考にして、以下の単語を並び替え、正しい文章に作文してみましょう。

1. (这么　都　每天　就到　早)
2. (怎么样　我　了　不知　他工作)
3. (开始　早晨　吧　的　工作会议)

D. 次の日本語を中国語に訳してみましょう。

1. 張さん、おはようございます。
   _____

2. 今日彼はたくさん食べました。
   _____

3. クラスの人はみな来ていますか。(来ましたか。)
   _____

中国語の敬語表現について

日本語は敬語表現が非常に発達している言語であり、語彙のほかに、文法的な要素も多く、「丁寧語」、「尊敬語」、「謙譲語」、「美化語」などのように系統化されている。日本語において、敬語は「コミュニケーションの潤滑油」と言われるほど、人々の日常会話で多く用いられ、極めて重要な表現である。これに対して、中国語の敬語は庶民生活には程遠い、社交の場或いは官界に用いられる「おざなり」の言葉であり、また、知識人の「奥ゆかしさ」を表現する文章語であったため、衰退の一途を辿っている。現代中国語においては、敬語は日本語のように系統化されておらず、語彙を中心に構成されており、主に次のようなものがある。

①接頭語
贵姓（お名前）、贵庚（ご年齢）、贵体（お体）、贵府（お宅）
令尊（お父様）、令堂（ご母堂）、令夫人（奥様）、令爱（ご令嬢）
高教（ご教示）、高就（ご栄転）、高论（ご高説）、高名（ご高名）、高寿（ご年齢）、
高徒（ご高弟／お弟子）、高足（お弟子）
芳名（ご芳名）　尊姓大名（お名前）
敝国（自分の国の謙称）、敝公司（弊社）
拙夫（自分の夫の謙称）　贱内／愚妻（自分の妻の謙称）
寒舍（自分の家の謙称）
家父（自分の父の謙称）、家母（自分の母の謙称）、犬子（自分の息子の謙称）
拙作（自分の作品の謙称）、拙见（自分の意見の謙称）
卑职（小職）　薄酒（粗酒）、薄礼（粗品）　不才（自分の謙称、不肖）

②接尾語
姓の後に
张先生（張様、ミスター張）　　王小姐（王嬢、ミス王）　　刘女士（劉女史、ミセス劉）
赵老师（趙先生）　　钱师傅（銭師匠）　　李大哥（李兄さん、兄貴）
章大姐（章おばさん、姉御）　　欧阳阿姨（欧陽おばさん）
严叔叔（厳叔父さん）　　苏大爷（蘇伯父さん）＊"叔叔"は父方の男兄弟の弟、"大爷"は男兄弟の兄を示す　　端木爷爷（端木おじいさん）　　尚奶奶（尚おばあさん）
郑老（鄭先生　尊敬している先生という意味）

「数字／指示詞／诸」の後に
～位（～方、～様）　两位（お二人、二名様）
这位／那位／哪位（この方／その方、あの方／どの方）
诸位（各位、諸君、みなさん）

③**動詞**

拜	**拜读**（拝読）、**拜复**（拝復）、**拜会**（訪問する）、**拜见**（お目にかかる）、**拜访**（お訪ねする）、**拜启**（拝啓）、**拜谢**（お礼を申し上げる）、**拜托**（お願いする）、**拜望**（挨拶に伺う）
敬	**敬呈**（差し上げる）、**敬告**（謹んでお知らせする）、**敬贺**（謹んで祝賀する）、**敬祝**（謹んで祝う／祈る）、**敬候**（謹んでお待ちする）、**敬启**（拝啓）、**敬献**（献上する）、**敬谢**（謹んでお祝いする）、**敬赠**（謹んで差し上げる）、**敬购**（ご購入くださる）、**敬聘**（謹んで招聘する）
奉	**奉读**（拝読する）、**奉告**（謹んで報告する）、**奉命**（謹んで命令を受ける）、**奉借**（お借りする）、**奉陪**（お供する）、**奉请**（お招きする）、**奉劝**（謹んで忠告する）、**奉上**（差し上げる）、**奉送**（差し上げる）、**奉献**（献上する）
谨	**谨献**（謹んで差し上げる）、**谨谢**（謹んでお礼を申し上げる）、**谨祝**（謹んでお祝いを申し上げる）
请	**请便**（どうぞ、お気楽に）、**请用**（どうぞ、召し上がってください）、**请教**（お教えを請う）
失	**失敬**（失敬）、**失礼**（失礼）、**失陪**（お供できなくて、失礼致しました）、**失迎**（お迎えもせずに失礼致しました）
惠	**惠函**（お手紙）、**惠顾**（ご来店、ご愛顧）、**惠赠**（くださる）、**惠存**（お手元にとどめ置きください）
禀	**禀报**（報告する）、**禀告**（お知らせする）、**禀明**（詳しく報告する）
仰	**仰承**（ご意見／意思に従う）、**仰恳**（謹んでお願いする）、**仰仗**（仰ぐ）
呈	**呈上**（呈上する）、**呈献**（献上する）
承	**承教**（教えを受ける）、**承蒙**（～にあずかる）
用	**用饭**（食事される／召し上がる）、**用茶**（お茶を飲まれる／召し上がる）
见	**见谅**（お許しを請う）、**见教**（ご教示を請う）
その他	**赐教**（ご教示くださる）、**斧正**（ご斧正）、**光临**（ご来訪、ご光臨）、**劳驾**（恐れ入ります）、**借光**（ごめんください）、**指教**（ご指導、ご教示）、**遵命**（かしこまりました）、**讨教**（教えを請う）

中国語には「丁寧語」と「美化語」は発達していないと言われているが、人称代詞を省略せずに用いるほど丁寧になる傾向がある。例えば、**谢谢＜ 谢谢你／谢谢您＜ 我谢谢你／我谢谢您**のように、人称代詞を用いたほうがより丁寧になる。つまり、日本語は人称を省略するほど敬意をよく表すのに対して、中国語は人称を省略しないほうがより丁寧な表現になると言える。また、近年、中国では「文明用語」が提唱され、礼儀正しい言葉を使うことに努めている。

「各行业通用文明用语（各業界で用いられる良いマナー用語）」
ベスト20（2009年）

1. 您好，欢迎光临！　　　　　　　　　（こんにちは、いらっしゃいませ。）
2. 请问您需要什么服务？　　　　　　　（何かお手伝いしましょうか。）
3. 请稍等一下。　　　　　　　　　　　（少々お待ちください。）
4. 对不起，让您久等了。　　　（申し訳ございません、お待たせしました。）
5. 对不起，请您排队等一会儿。
　　　　　　　　　　　（申し訳ございませんが、しばらく並んでお待ちください。）
6. 请走好，欢迎下次再来。　（お気をつけて。またのお越しをお待ちしています。）
7. 请别着急，我们马上给您办理。　（お待ちください。すぐに手続き致します。）
8. 请出示您的证件。　　　　　　　　（身分証明書をご提示ください。）
9. 请您用钢笔填写清楚有关事项。
　　　　　　　　　　　（万年筆で関連事項をはっきりとご記入ください。）
10. 先生，这里是无烟场所，谢谢合作。
　　　　　　　　（すみません、ここは禁煙エリアです。ご協力ありがとうございます。）
11. 请多提宝贵意见。　　　　　　　　（ご高見をどうぞお聞かせ願います。）
12. 请您有话慢慢儿说，您的要求我们尽量满足。
　　（お話しがございましたら、ゆっくりおっしゃってください。我々はあなたのご要望に
　　できる限りお応え致します。）
13. 请签名，请对号。　　　　（ご署名ください。番号をご確認（照合）ください。）
14. 您好，我是××单位总机，请讲！
　　　　　　　　　　（こんにちは、こちらは××会社です。どうぞ（お話しください）。）
15. 对不起，他不在，您需要留言吗？
　　　　　（申し訳ございません。彼は席を外しております。メッセージを残されますか。）
16. 请问您办理什么业务？　　　　　　（どんな御用件でしょうか。）
17. 由于我们的工作疏忽，给您添了麻烦，真对不起。
　　　（我々の仕事上の不注意で、ご迷惑をおかけしました。誠に申し訳ございません。）
18. 欢迎您监督。　　　　　（ご監督とご指導のほど宜しくお願いします。）
19. 谢谢您的支持和合作。　　　（ご支持とご協力に感謝申し上げます。）
20. 不用谢，这是我们应该做的。　（どういたしまして。これは当然のことですから。）

（出典）中国語サイト『百度知道』より

第 3 課 早上的工作会议
zǎoshang de gōngzuò huìyì

課文 3·23

北野总经理：好，现在开始开会吧。
Hǎo, xiànzài kāishǐ kāihuì ba.

先请孙副总讲一下各部门的工作安排。
Xiān qǐng Sūn fùzǒng jiǎng yíxià gè bùmén de gōngzuò ānpái.

孙副总经理：有两件事要向大家通报一下。
Yǒu liǎng jiàn shì yào xiàng dàjiā tōngbào yíxià.

一是关于下个月的会计审查资料的核对；
Yī shì guānyú xià ge yuè de kuàijì shěnchá zīliào de héduì;

另一项是关于上海事务所成立十周年庆典的准备工作。
Lìng yí xiàng shì guānyú Shànghǎi shìwùsuǒ chénglì shí zhōunián qìngdiǎn de zhǔnbèi gōngzuò.

北野总经理：田中，这次的审核，
Tiánzhōng, zhè cì de shěnhé,

总公司财务部负责审核的人也来吗？
zǒnggōngsī cáiwùbù fùzé shěnhé de rén yě lái ma?

田　中：是的，总公司的总会计师将来上海。
Shì de, zǒnggōngsī de zǒngkuàijìshī jiāng lái Shànghǎi.

朝の業務会議

北野总经理：关于龙山有限公司未回款一事，
Guānyú Lóngshān yǒuxiàn gōngsī wèihuíkuǎn yíshì,

请在货款回收情况业务总结会上详细汇报一下吧。
qǐng zài huòkuǎn huíshōu qíngkuàng yèwù zǒngjiéhuìshang xiángxì huìbào yíxià ba.

孙副总经理：好，此事在下周的会上再详细报告吧。
Hǎo, cǐ shì zài xiàzhōu de huìshang zài xiángxì bàogào ba.

下面请生产部刘部长、销售部张部长
Xiàmian qǐng shēngchǎnbù Liú bùzhǎng、xiāoshòubù Zhāng bùzhǎng

和人事部的赵部长先谈一下。
hé rénshìbù de Zhào bùzhǎng xiān tán yíxià.

生产部刘部长：我们生产部计划明年开始进行新产品的研发工作，
Wǒmen shēngchǎnbù jìhuà míngnián kāishǐ jìnxíng xīn chǎnpǐn de yánfā gōngzuò,

但有一个问题，就是开发专业人员不足。
dàn yǒu yí ge wèntí, jiùshì kāifā zhuānyè rényuán bùzú.

销售部张部长：我们销售部将必须配合生产部着手新产品的
Wǒmen xiāoshòubù jiāng bìxū pèihé shēngchǎnbù zhuóshǒu xīn chǎnpǐn de

国外销售准备工作，为了开发国外市场，
guówài xiāoshòu zhǔnbèi gōngzuò, wèile kāifā guówài shìchǎng,

扩大产品销售渠道，我们急需懂外语的专业人才。
kuòdà chǎnpǐn xiāoshòu qúdào, wǒmen jí xū dǒng wàiyǔ de zhuānyè réncái.

人事部赵部长：人事部负责招聘既懂外语，又有专业技术的人才，
Rénshìbù fùzé zhāopìn jì dǒng wàiyǔ, yòu yǒu zhuānyè jìshù de réncái,

此事还需与财务部进一步协商一下。
cǐ shì hái xū yǔ cáiwùbù jìn yí bù xiéshāng yíxià.

第3課

【日本語訳】

北野社長： それでは、ミーティングを始めよう。
　　　　　まず孫副社長から、各部門の段取りについて話してくれますか。
孫副社長： みなさんに報告する内容は2件あります。
　　　　　1件は来月の会計監査資料のチェック、もう1件は上海事務所設立10周年記念式典の準備についてです。
北野社長： 田中くん、今回の監査には本社経理部の監査担当者も出席するのかね？
田　　中： はい、本社の経理部長が上海へ来ます。
北野社長： 龍山有限公司の未収金について、回収作業の状況を業績報告会で詳しく報告してくれますか。
孫副社長： 分かりました。この件は、来週の会議で詳しく述べさせて頂きます。
　　　　　次は製造部の劉部長と営業部の張部長、そして、人事部の趙部長からの報告です。
製造部劉部長： 製造部では、来年からの新商品開発の研究開発を予定しています。
　　　　　しかし、一つ問題があります。それは、開発の専門スタッフが不足していることです。
営業部張部長： 我々営業部は製造部と連携して、新製品の国外販売に着手するのは必須となるでしょう。
　　　　　海外の市場を開拓し、商品の販売ルートを拡大するためには、外国語ができる専門的な人材が早急に必要となります。
人事部趙部長： 人事部では外国語ができて、かつ専門技術を有する人材を確保します。
　　　　　この件については、経理部門ともさらに調整する必要があります。

新出単語／重要語句

安排 ānpái	手配、配置／手配する	英 arrangement; arrange
件 jiàn	事柄を数える数量詞	英 (counter) a (an) ~
向 xiàng	～に、～へ	英 for
通报 tōngbào	通達する、知らせる	英 to notify; inform
关于 guānyú	～に関して、～について	英 concerning; regarding
会计 kuàijì	経理、会計	英 accounting
会计师 kuàijìshī	会計師	英 accountant
审查 shěnchá	審査する、監査する	英 to audit
资料 zīliào	資料	英 material
核对 héduì	照合する	英 to check; verify
另 lìng	別に、ほかに	英 other; another
庆典 qìngdiǎn	儀式、式典、セレモニー	英 ceremony
准备 zhǔnbèi	準備する	英 to prepare
审核 shěnhé	審査する、照合する	英 to audit; examine
财务部 cáiwùbù	財務部、経理部	英 accounts department
未回款 wèihuíkuǎn	未収金	英 money not yet received
货款 huòkuǎn	商品代金	英 payment for goods
回收 huíshōu	回収する	英 retrieve; recycle
总结会 zǒngjiéhuì	総括会議	英 summary session; meeting
详细 xiángxì	詳しい	英 detailed; paticular
汇报 huìbào	報告する	英 to report
报告 bàogào	報告する	英 to report
生产部 shēngchǎnbù	生産部	英 production department
销售部 xiāoshòubù	販売部、営業部	英 sales department
人事部 rénshìbù	人事部	英 personnel department
研发 yánfā	研究開発する	英 to develop
专业 zhuānyè	専門、専業	英 speciality
配合 pèihé	力を合わせること	英 to cooperate with
着手 zhuóshǒu	着手する	英 to begin; start
渠道 qúdào	ルート、経路	英 route; channel
人才 réncái	人材	英 talent
招聘 zhāopìn	招聘する、募集する	英 to recruit and employ
既～又… jì~yòu…	～であり、また……である	英 …as well as…
进一步 jìn yí bù	さらに、いっそう	英 further
协商 xiéshāng	相談する、協議する	英 to consult; seek counsel with

文法解説

1. 有两件事要向大家通报一下。

助動詞「要」

①意志・願望を表す。☞〜したい、〜したがる、〜しなければならない
 i 我要找工作。　　　　　　　ii 小李要一个人去旅游。
 iii 今天咱们要早点儿下班。
 ※否定の場合は「不要」ではなく、「不想／不愿意」を用いる。

②必要・義務を表す。☞〜しなければならない、〜する必要がある
 iv 有事要请假。　　　v 你要向公司负责。　　vi 地震时大家要冷静。
 ※否定の場合は「不用」を用いる。

③可能性を表す。☞〜しそうだ、〜するだろう
 vii 天要下雨，快回家吧。　viii 我要晚一点儿到。　ix 今天可能要加班。
 ※否定の場合は「不会」を用いる。

④「要〜了」☞（近い将来）間もなく・もうすぐ〜する、〜になる
 x 要下班了。　　　　xi 她要二十岁了。　　xii 天要热了。

2. 有两件事要向大家通报一下。

前置詞「向」

①「〜向 + 場所・方向 + 動詞句」：動作の方向を表す。
 ☞〜に向かって、〜へ、〜に
 i 向前看。　　　　　　　　　ii 他向东走去。
 iii 水向低处流，人向高处走。

②「〜向 + 人 + 動詞」：動作の向かう対象を表す。☞〜に対して、〜に
 iv 我们的商品要向客户负责。　　v 这个问题还是向专家请教吧。

3. 一是关于下个月的会计审查资料的核对。

前置詞「关于」☞〜に関して、〜について、〜に関する、〜についての
 i 关于这个问题以后再讨论吧。　　ii 看了几本关于计算机的书。

4. 下面请生产部刘部长、……

方位詞：場所・空間を表す語を方位詞という。概ね大きく2種類に分けることができる。

①単純方位詞:「一音節」のものには、主に次のようなものがある。
　　上　下　前　后　里　外　东　南　西　北　左　右　旁　中

②複合方位詞:「一音節のもの + 边（辺り）／面（方面、ほう）／头（ほう：物と接触している先端部分）」（二音節になる）

上边	下边	前边	后边	里边	外边	东边
上面	下面	前面	后面	里面	外面	东面
上头	下头	前头	后头	里头	外头	东头
南边	西边	北边	左边	右边	旁边	
南面	西面	北边	左面	右面		

5. 但有一个问题，就是开发专业人员不足。
接続詞「但／但是」☞しかし、但し、ところが、だが
　　ⅰ 这种水果很好吃，但不可多吃。　　ⅱ 我今天休息，但是很早就起床了。

6. 为了开发国外市场，……。
前置詞「为」と「为了」
A:「为」
　　①動作の受益者を導く。☞～のために
　　ⅰ 为公司努力工作　　　　　　　　ⅱ 为大家的健康，干杯！
　　②原因や相手を表す。☞～が原因で、～のために
　　ⅲ 别为一点儿小事不高兴。　　　　ⅳ 为客户提供最好的服务。
B:「为了」
　　①目的や相手を表す。☞～のために
　　ⅴ 为了多挣钱而加班。　　　　　　ⅵ 为了你我什么都愿意做。
　　②原因・理由を表す。☞～のために、～のせいで
　　ⅶ 为了你，上课都迟到了。　　　　ⅷ 别为了一点儿小事生气。

7. 人事部负责招聘既懂外语，又有专业技术的人才。
「既～又……」:同じ構造の二つの動詞句または形容詞句を接続し、同時に二つの性質・状態を備えていることを表す。☞～でもあれば……でもある、～の上に……だ

i 他既是朋友又是老师。　　　　　ii 她既聪明又漂亮。
iii 我既没有他的电话又没有他的地址。

8. 此事还需<u>与</u>财务部进一步协商一下。
前置詞「与」：文章語的に用いられることが多く、「跟（gēn）」「和（hé）」とほぼ同じ意味を表す。☞ ～と、～と共に、～に対して

i 情况与去年不同。　　　　　　ii 与美国人相比，日本人更喜欢吃鱼。

練習問題

A. 本文を参考にして、ピンインを中国語の簡体字になおしましょう。
1. gōngzuò ānpái
2. Wǒmen yǒu jǐ ge wèntí.
3. Qǐng nǐ zài huìyìshang huìbào yíxià.

B. 本文を参考に、下線の部分を入れ替えて読んでみましょう。
1. 先请 _____ 讲一下 _____。
 (你／你的意见　总经理／我们公司的经营目标)
2. 讨论一下关于 _____ 的问题。(经营方针　课外活动　海外旅游)
3. 为了 _____，我们要 _____。
 (提高产品质量／不断地努力工作　加深了解／经常保持联系)

C. 本文を参考にして、以下の単語を並び替え、正しい文章に作文してみましょう。
1. (大家　有　通报一下　向　要　两件事)
2. (招聘　既懂外语　专业技术的　人才　人事部　又有　负责)
3. (财务部　进一步　与　此事　还需　协商一下)

D. 次の日本語を中国語に訳してみましょう。
1. 今から報告会を始めます。
 _____

2. 来月、社長が中国に来ます。
 _____

3. 我々は中国の企業と協力して研究開発を行います。
 _____

豆知識

中国と日本の企業文化

　日本の会社と中国の会社では、企業文化が全く異なる。中国の会社では「個」の意識が強く、成果主義をもとめるがゆえにプロセスよりも結果ありきである。一方、日本の会社では「和」を重視し、チームワークを以て最大の成果をあげようとする。そして、どこの国においても組織における「ホウレンソウ（報告、連絡、相談）」は重要である。

中国人と日本人のイメージ像の比較（例）

比較項目	日本人	中国人
国家	資本主義国、言論の自由	社会主義国、言論の規制
社会	たて社会（系列）	よこ社会（ネットワーク）
個人	集団主義（協調性を重視） チームワーク重視	個人主義（自己主張をする） 成果主義
人間関係	本音と建前 本音でつき合うまでに時間がかかる （対人距離やや遠）	人脈、人情、メンツの世界 「親族」「朋友」を頼る すぐに親しくなる（対人距離やや近）
仕事観	仕事、会社優先 多職能を経験させる 転職はマイナス的イメージ	個人、家庭優先 専門性を磨き、専門的職務を重視 転職は実力の証、プラスイメージ
ビジネス一般	職人気質 製造業などに向いている	商売人気質 金融、仲介業者などに向いている
文化	曖昧さ、以心伝心	率直、単刀直入

社内の頻出フレーズ

日本語	中国語	発音表記
おはようございます。	你早。	Nǐ zǎo.
お先に失礼します。	我先走了。	Wǒ xiān zǒu le.
お疲れさまでした。	辛苦了。	Xīnkǔ le.
お手数をおかけします。	麻烦您了。	Máfan nín le.
ありがとうございます。	谢谢您。	Xièxie nín.
少しおくれます。	我可能晚到一会儿。	Wǒ kěnéng wǎn dào yíhuìr.
すみません。	对不起。	Duìbuqǐ.
もう一度言って下さい。	请再说一遍。	Qǐng zài shuō yí biàn.
わかりました。 わかりません。	明白了。 不明白。	Míngbai le. Bù míngbai.
少々お待ち下さいませ。	请稍等。	Qǐng shāo děng.
お尋ねします。	请问～。	Qǐng wèn ～.
電話して下さい。 コールバック下さい。	请给我打电话。 请给我回电。	Qǐng gěi wǒ dǎ diànhuà. Qǐng gěi wǒ huídiàn.
～してよろしいですか。	我可以～吗？	Wǒ kěyǐ ～ ma?
どうしましょうか。	怎么办好呢？	Zěnme bàn hǎo ne?
おいくらですか。	多少钱？	Duōshao qián?
何時ですか。	几点？	Jǐ diǎn?
どこですか。	在哪儿？	Zài nǎr?
領収書を下さい。	请给我发票。	Qǐng gěi wǒ fāpiào.
体調が悪いので休みます。	我不舒服， 请一天假。	Wǒ bù shūfu, qǐng yì tiān jià.
ご迷惑をおかけして、 大変申し訳ございません。	给您添麻烦了， 非常抱歉。	Gěi nín tiān máfan le, fēicháng bàoqiàn.
恐縮です。	不敢当。	Bù gǎndāng.
よろしくお願いいたします。	请多多关照。	Qǐng duōduō guānzhào.
お待たせしました。	让您久等了。	Ràng nín jiǔ děng le.
お陰様で～	托您的福～	Tuō nín de fú ～
お目にかかれて嬉しいです。	认识您很高兴。	Rènshi nín hěn gāoxìng.

第 4 课 接电话
Jiē diànhuà

● ● 课文 ◎ 4·24

（一．转接外线电话）
(yī zhuǎnjiē wàixiàn diànhuà)

李月琴：喂，这里是和睦福多食品公司。
　　　　Wéi, zhèli shì Hémù fúduō shípǐn gōngsī.

小　林：我是华中商事的小林，请问田中先生在吗？
　　　　Wǒ shì Huázhōng shāngshì de Xiǎolín, qǐng wèn Tiánzhōng xiānsheng zài ma?

李月琴：是销售部的田中吗？请稍等。
　　　　Shì xiāoshòubù de Tiánzhōng ma? Qǐng shāo děng.

　　　　——田中科长，华中商事的小林先生的电话！
　　　　—— Tiánzhōng kēzhǎng, Huázhōng shāngshì de Xiǎolín xiānsheng de diànhuà!

　　　　我现在就转过去，请您在那边接一下。——
　　　　Wǒ xiànzài jiù zhuǎnguoqu, qǐng nín zài nàbiān jiē yíxià. ——

田　中：让您久等了，是华中商事的小林先生吗？
　　　　Ràng nín jiǔ děng le, shì Huázhōng shāngshì de Xiǎolín xiānsheng ma?

　　　　我是销售部的田中，请讲。
　　　　Wǒ shì xiāoshòubù de Tiánzhōng, qǐng jiǎng.

電話での対応

小　林 ：是这样的，上次谈过的事，
　　　　　Shì zhèyang de, shàngcì tánguo de shì,

　　　　　有几个问题还想跟您再商量一下……。
　　　　　Yǒu jǐ ge wèntí hái xiǎng gēn nín zài shāngliang yíxià…….

（二．不在时的应对）
(èr búzài shí de yìngduì)

李月琴 ：对不起，田中科长现在不在。
　　　　　Duìbuqǐ, Tiánzhōng kēzhǎng xiànzài bú zài.

　　　　　等他回来，让他给您回电话吧，
　　　　　Děng tā huílai, ràng tā gěi nín huí diànhuà ba,

　　　　　能否告诉我一下您的电话号码？
　　　　　néngfǒu gàosu wǒ yíxià nín de diànhuà hàomǎ?

第4課

【日本語訳】
（その1　外線の電話転送）
李月琴 ： はい、ホームフードです。
小　林 ： 華中商事の小林です。田中さんをお願いしたいのですが。
李月琴 ： 営業部の田中ですか？　少々お待ち下さい。
　　　　　── 田中課長、華中商事の小林さんからお電話ですよ。
　　　　　今、そちらへ電話を繋ぎますので、（そちらで）電話に出て下さい。──
田　中 ： お待たせ致しました。華中商事の小林様ですね。営業部の田中でございます。
小　林 ： 実は、先日のお話の件で、いくつか少しご相談させて頂きたく……

（その2　不在時の対応）
李月琴 ： 申し訳ございません。ただ今、田中は席を外しております。
　　　　　戻りましたら折り返し彼からお電話差し上げますので、お電話番号を頂戴できます
　　　　　でしょうか。

37

新出単語／重要語句

接 jiē	受ける	英 to receive
电话 diànhuà	電話	英 phone; telephone
转接 zhuǎnjiē	転送、つなぐ	英 to forward
华中商事 Huázhōng shāngshì	華中商事（会社の名前）	
稍等 shāo děng	しばらく待つ	英 (Please) wait a moment...
让您久等了 ràng nín jiǔ děng le	お待たせしました	英 (Sorry) to keep you waiting...
谈 tán	相談する、話す	英 to talk
问题 wèntí	問題、話題	英 problem; issue
想 xiǎng	思う、考える	英 to suppose; imagine
跟 gēn	～と、～に	英 with; to; for
商量 shāngliang	相談する、話し合う	英 to talk with; consult
一下 yíxià	ちょっと～する	英 one time; once
应对 yìngduì	対応	英 response
等 děng	待つ	英 to wait; await
回电话 huí diànhuà	折り返し電話する	英 to call back
能否 néngfǒu	できるか否か	英 whether or not
告诉 gàosu	告げる、伝える	英 to tell
号码 hàomǎ	番号	英 number

文法解説

1. 我现在就转过去。／等他回来，……

方向補語：動詞の後ろに付き、動作者や動作対象の移動する方向を表す。

① 単純方向補語：「動詞 + 来／去」 ☞ ～してくる、～していく

  i 我出去一下。   ii 你给他带点儿钱去吧。

② 複合方向補語：「動詞 + 方向動詞 + 来／去」 ☞ ～してくる、～していく

  iii 请说下去。   iv 孩子们跑出来了。

※ よく用いられる方向補語には主に次のようなものがある。

	进	出	上	下	回	过	起
来	进来	出来	上来	下来	回来	过来	起来
去	进去	出去	上去	下去	回去	过去	—

2. 请您在那边接一下。

名詞の場所化

① 普通名詞+方位詞／場所指示詞 ☞ ～に

  i 车上人很多。   ii 他心中只有工作。   iii 冰箱里什么也没有。

② 人称名詞／人称指示詞+这儿／那儿 ☞ ～のところに、～辺りに

  iv 我们学校那儿很热闹。   v 你这儿有日中词典吗？

  vi 去老师那儿问问题。

3. 让您久等了。／让他给您回电话吧。

※「让 + 動詞」：使役文を構成する「让」（叫／使） ☞ ～させる

| 主語 | + | 让／叫／使 | + | 目的語 | + | 動詞（句）／形容詞（句） |

  i 你　　　　　让　　　　他　　　　随便说。
  ii 警察　　　　叫　　　　司机　　　停车。
  iii 他的话　　　使　　　　我们　　　很高兴。

※ 中国語にははっきりとした命令形がなく、使役の構文を用いて命令を表すことも多い。（～するように言う／～するように言われる／～するように命じる）

  iv 我妈妈让我来看看你。   v 老师叫你马上去。

4. 上次谈过的事。
アスペクト助詞「过」：動詞或は形容詞の後ろに用いて、経験を表す。
　　肯定形「動詞+过」☞〜したことがある
　　否定形「没（有）+動詞+过」☞〜したことがない
　　　i 我没喝过这种酒。　　　　　　ii 你去没去过美国？

5. 有几个问题还想跟您再商量一下……。
疑問詞「多少」と「几」
　　質問に対する答えの上限が明らかに 10 以上或は予測しにくい場合は「多少」を用い、答えが明らかに 10 以下の場合には「几」を用いる。☞いくつ〜、いくら〜
　　　i 今天来了多少人？　　　　　　ii 你的房间是多少号？
　　　iii 你家有几口人？　　　　　　 iv 星期几？

6. 有几个问题还想跟您再商量一下……。
前置詞「跟」☞〜と、〜に、〜の後について
　　動作を共にする相手、動作を向ける対象を表す。
　　　i 我跟你一起去吧。　　　　　　ii 请跟我读课文。

7. 让他给您回电话吧。
前置詞「给」☞〜に、〜のために（〜してやる、してあげる）
　　ものを受け取る相手（受給者）や、利益・恩恵を受ける相手（受益者）、または奉仕の対象を示す。
　　　i 我给大家唱一首歌吧。　　　　ii 请给我打电话。

8. 能否告诉我一下您的电话号码？
反復疑問文：述語は「肯定形 + 否定形」の順で並べ、事柄の真偽を問う。☞〜か
　　　i 汉语难不难？　　　　　　　　ii 你喝不喝酒？
　　　iii 今天是不是星期天？　　　　 iv 今天是星期天不是？
　　　v 明天你能否来一趟？　　　　　vi 能否听听少数人的意见？
　　　※アスペクト助詞の後ろに「〜没有／〜没？（話し言葉）」を付けて反復疑問文を作る。☞〜しなかったか、〜していなかったか
　　　vii 你吃了没有？／你吃了没？　 viii 你去过没有？／你去过没？

※「没有」の副詞用法
①過去・完了の否定:「没 + 動詞」☞～しなかった、～していない
ix 我没去上课。　　　　　　　x 你没见到她吗？
②已然・未然の否定:「还没 + 動詞」☞まだ～していない
xi 我还没做作业。　　　　　　xii 小李还没回来。

練習問題

A. 本文を参考にして、ピンインを中国語の簡体字になおしましょう。
1. Qǐng shāo děng.
2. Ràng nín jiǔ děng le.
3. Qǐng nǐ gēn kēzhǎng shāngliang yíxià ba.

B. 本文を参考に、下線の部分を入れ替えて読んでみましょう。
1. 请问 _____？（您贵姓　他说什么了）
2. _____ 现在 _____。（他们／正在开会　他／出差了）
3. 让他给您 _____ 吧。（打电话　发传真　发短信）

C. 本文を参考にして、以下の単語を並び替え、正しい文章に作文してみましょう。
1. （问题　还想　再商量　几个　跟您　有　一下）
2. （电话号码　能否　您的　一下　告诉　我）
3. （回来　一起　我们　等他　去吧）

D. 次の日本語を中国語に訳してみましょう。
1. 申し訳ございません、社長は不在です。
   _____
2. 私は技術部の李暁星です。
   _____
3. お名前を教えて頂けますか。
   _____

電話の応対でよく使うフレーズ

1. 你好，我是×××。　　　　　　　　　　　Hello, this is ××× speaking.
2. 你好，这里是×××公司。　　　　　　　　Hello, this is ××× Company.
3. 我要找×××部门的王先生。
   I'd like to speak with Mr. Wang at the ×××department, please.
4. 请你帮我接×××部门的王先生。
   I'd like to speak with Mr. Wang at the ×××department, please.
5. 请稍等。　　　　　　　Wait a minute, please. / Just a moment, please.
6. 他／她正在开会。　　　　　　　　　　　He / She is in a meeting.
7. 他／她现在正在接电话。　　　　　　　　　His / Her line is busy.
8. 他／她已经下班了。　　　　He / She has already left for the office.
9. 他／她出差了。　　　　　　He / She is away on a business trip.
10. 您要留言吗？　　　　　　Would you like to leave a message?
11. 我稍后给您回电话。　　　　　　　　　　I'll call you back later.
12. 请再说一遍，好吗？　　Pardon me? / Could you say that one more time?
13. 请问您打的号码是多少？　　　What number are you trying to call?
14. 我想您打错了。　　　　　　I think you have the wrong number.
15. 谢谢您的电话。　　　　　　　　　　　　Thank you for calling.

第 5 課 安排拜访客户
Ānpái bàifǎng kèhù

課文 5・25

田　中：小李，按总公司指示，明天还有一些事情
　　　　Xiǎo Lǐ, àn zǒnggōngsī zhǐshì, míngtiān hái yǒu yìxiē shìqing

　　　　需跟上海食品公司事先商量一下。
　　　　xū gēn Shànghǎi shípǐn gōngsī shìxiān shāngliang yíxià.

　　　　这样吧，我们去拜访对方，你打个电话约一下时间。
　　　　Zhèyang ba, wǒmen qù bàifǎng duìfāng, nǐ dǎ ge diànhuà yuē yíxià shíjiān.

李月琴：好，我这就跟上海食品公司联系。
　　　　Hǎo, wǒ zhè jiù gēn Shànghǎi shípǐn gōngsī liánxì.

　　　　（给上海食品公司打电话）
　　　　(gěi Shànghǎi shípǐn gōngsī dǎ diànhuà)

王部长：上海食品王建国，请讲。
　　　　Shànghǎi shípǐn Wáng Jiànguó, qǐng jiǎng.

李月琴：我是和睦福多食品的李月琴，
　　　　Wǒ shì Hémù fúduō shípǐn de Lǐ Yuèqín,

　　　　上次跟田中拜访贵公司时，承蒙关照，谢谢了！
　　　　shàngcì gēn Tiánzhōng bàifǎng guì gōngsī shí, chéngméng guānzhào, xièxie le!

顧客訪問の手配

　　　　　田中就上次商谈的事宜，还想与您再详细谈一下，
　　　　　Tiánzhōng jiù shàngcì shāngtán de shìyí, hái xiǎng yǔ nín zài xiángxì tán yíxià,

　　　　　不知您明天有没有时间……。
　　　　　bùzhī nín míngtiān yǒu méiyǒu shíjiān…….

王部长：没问题。那就请转告田中先生，
　　　　　Méi wèntí. Nà jiù qǐng zhuǎngào Tiánzhōng xiānsheng,

　　　　　明天上午十一点左右过来吧。
　　　　　míngtiān shàngwǔ shíyī diǎn zuǒyòu guòlái ba.

　　　　　完事后一起吃个饭怎么样？
　　　　　Wánshì hòu yìqǐ chī ge fàn zěnmeyàng?

　　　　　我们还可以进一步加深交流嘛。
　　　　　Wǒmen hái kěyǐ jìn yí bù jiāshēn jiāoliú ma.

第5課

【日本語訳】
田　中：李さん、本社からの指示で、明日、もう少し上海食品公司と事前打合せをしたいんだけど……。
　　　　こうしよう。こちらから訪問するということで、先方に電話をかけてアポを取って欲しい。
李月琴：はい、では、上海食品に連絡します。
　　　　（上海食品に電話をかける）
王部長：はい、こちら上海食品の王建国です。（もしもし。）
李月琴：ホームフードの李月琴です。前回、弊社田中と貴社を訪問しました折は、お世話になり、ありがとうございました。ところで、田中が先日の話をもう少し詰めたいと申しております。
　　　　明日、お時間を頂けませんか……。
王部長：ええ、問題ありません。では、午前11時頃にお越しくださいと田中さんにお伝え下さい。
　　　　仕事の後は、一緒に食事でもどうですか。（食事をご一緒すれば）さらに交流を深められますよね。

新出単語／重要語句

客户 kèhù	顧客、お客様	英 customer
指示 zhǐshì	指示	英 instruction
一些 yìxiē	少し、わずか	英 a few; a little
事情 shìqing	事情、事柄、用事	英 matter; affair
事先 shìxiān	事前に、前もって	英 in advance
这样 zhèyang	このように	英 like this
吧 ba	～ましょう、～でしょう	英 let's
	＊文末につけて提案、命令、推測などを表す	
拜访 bàifǎng	（表敬）訪問する、伺う	英 to pay a visit
对方 duìfāng	先方、相手方	英 the other party
约 yuē	約束する、アポをとる	英 to promise; make an appointment
就 jiù	すぐ、じきに	英 immediately
联系 liánxì	連絡する	英 to contact
上海食品 Shànghǎi shípǐn	上海食品（＊会社名の固有名詞）	
上次 shàngcì	前回	英 last time
贵公司 guì gōngsī	貴社	英 your company (polite)
承蒙 chéngméng	被る、受ける	英 to receive
关照 guānzhào	面倒をみる、世話をする	英 to take care of; look after
商谈 shāngtán	商談する	英 business talks
事宜 shìyí	事柄	英 matter
左右 zuǒyòu	～ぐらい	英 about; around
过来 guòlái	やってくる	英 to come over
完事 wánshì	用事を済ませる	英 to finish doing
吃饭 chīfàn	ご飯を食べる、食事をする	英 to have a meal
加深 jiāshēn	深める、深まる	英 to deepen; cultivate
交流 jiāoliú	交流する	英 to exchange

文法解説

1. 按总公司指示，……
前置詞「按」☞～に基づいて、～に準じて、～に応じて
 ⅰ 按您的指示办。   ⅱ 按人口计算。

2. 你打个电话约一下时间。
連動文「主語 + 動詞句1 + 動詞句2」
 複数の動詞または動詞句が直接結びついて、一つの述語を構成している構造を「連動構造」といい、そのような述語からなる文を「連動文」という。「連動文」では、緊密に関連し合いながら前後して成立する複数の動作や、同時に並行して成立する複数の動作をひとまとまりの出来事として捉える。主に次のようなパターンがある。

 ① 主語 + 移動を表す動詞句1 + 目的を表す動詞句2
  ⅰ 他   去北京   看京剧。
  ⅱ 他   来我家   找我。
 ② 主語 + 手段を表す動詞句1 + 目的を表す動詞句2
  ⅲ 我   骑自行车   去你家。
  ⅳ 他   打电话   告诉我。
  ⅴ 咱们   走着   去吧。

3. 明天上午十一点左右过来吧。
「数量・時量表現 + 左右」：概数を表す。☞～前後、～くらい、～頃
 ⅰ 他大概三十岁左右吧。 ⅱ 过了一个多月左右病才好。

4. 我们还可以进一步加深交流嘛。
助動詞「可以」(「可以（可）+ 動詞」)
 ①可能を表す。☞～することができる
  ⅰ 我可以一个人去。 ⅱ 北京冬天可以滑冰。
 ②許可を表す。☞～してもよい
  ⅲ 明天你可以休息。 ⅳ 你可以这么想。
 ③ある動作を行う価値があることを表す。☞～する価値がある
  ⅴ 这本书你可以看看。 ⅵ 上海也有很多可观光游览的地方。

練習問題

A. 本文を参考にして、ピンインを中国語の簡体字になおしましょう。
1. Chéngméng guānzhào.
2. Méi wèntí.
3. Nǐ zhōumò yǒu méiyǒu shíjiān?

B. 本文を参考に、下線の部分を入れ替えて読んでみましょう。
1. 你打个电话约一下 _____。（地方　时间　饭店）
2. 你可以跟 _____ 联系一下。（朋友　老师　上司）
3. _____ 过来吧。（明年夏天　下星期　后天傍晚）

C. 本文を参考にして、以下の単語を並び替え、正しい文章に作文してみましょう。
1. （贵公司时　上次　承蒙关照　拜访）
2. （吃个饭　一起　怎么样　完事后）
3. （进一步　可以　我们　加深交流嘛　还）

D. 次の日本語を中国語に訳してみましょう。
1. 来週の月曜日、午後二時頃にお越し下さい。

   _____

2. 社長の指示に基づいて処理します。

   _____

3. ここでタバコを吸ってもよいです。

   _____

豆知識 中国の経済発展の軌跡 ―― 五カ年計画

　1949年の「中華人民共和国」建国以来、中国では5年ごとに国の政策、戦略などが「五カ年計画」として策定、実行されている。第11次五カ年計画（2006年～2010年）からは、「計画」から「規画」のように中国語の表現にも変化が生じ、長期的な未来展望の意味が強い表現に置き換わったことにも着目したい。政治や共産党の思想を重視する毛沢東の時代から、経済建設を重視し、社会主義市場経済への転換を図った鄧小平時代、続いて愛国主義教育を重視した江沢民、中国経済のさらなるグローバル化、海外展開を目指す胡錦濤の時代を経て、国内産業優先の擁護政策の下、中国は「大国」であると同時に「強国」を目指して、「一帯一路」の経済発展を進める習近平主席へと時代は大きく流れている。

五カ年計画の年次	時代を表す中国語表現	特徴
第1次五カ年計画"一五計画"（1953～1957年）	工業増速 超英赶美（工業化の加速、イギリスを追い越し、アメリカに追いつけ）	工業総生産額の年間平均成長率18％で、旧ソ連の支援を得て156の工業化大型プロジェクトを実施。
第2次五カ年計画"二五計画"（1958～1962年）	大躍進 大倒退（大きく躍進、大きく後退）	変化が激しく、紆余曲折の時期。高指標を目指した「大躍進」の経済建設ブームで一時成長率は54％に達するも、その後－38.2％の成長率まで落ち込む。
第3次五カ年計画"三五計画"（1966～1970年）	三线建设 备战备荒（内陸後方基地建設、軍備と飢饉に備える）	後退した経済の調整、回復を目指し、国民経済システムの基礎を築いた時期。1966年に「文化大革命」が突如到来。
第4次五カ年計画"四五計画"（1971～1975年）	严重失控 调整战略（コントロールできず、戦略の調整）	国際的には緊張関係にあり、国内的には「文化大革命」の影響で盲目的な高数字が掲げられ、終始「抓革命，促生産」が叫ばれた。
第5次五カ年計画"五五計画"（1976～1980年）	新跃进 大转折（新たな躍進、大きな転換）	回復と調整時期。「文化大革命」「四人組」打倒を経て、新たな躍進期では経済は失速。1978年の三中全会が経済建設の大きな転換の年となる。
第6次五カ年計画"六五計画"（1981～1985年）	走向改革开放（改革開放へ向かって）	国民経済建設の調整を立派に行った時期。農村と都市の経済体制改革が推進された。景気好転の下、固定資産投資の規模が過大化、経済は過熱気味となる。

五カ年計画	スローガン	概要
第7次五カ年計画 "七五計画" （1986〜1990年）	改革闯关 治理整顿 （改革の関門を突破、整備整頓へ）	経済過熱時期で政府はマクロ的な調整策を採用。計画経済と市場経済の議論をめぐり、中国の特色ある新たな社会主義経済体制の構築が標榜された。
第8次五カ年計画 "八五計画" （1991〜1995年）	小平南巡 改革潮涌 （鄧小平の南巡講話で、改革の波が押し寄せる）	1992年の鄧小平の南巡講話と共産党第十四大会の後、人々の意識や経済発展の情勢に大きな変化が生じる。GDP成長率は年平均12%。
第9次五カ年計画 "九五計画" （1996〜2000年）	宏观调控 経済"软着陆" （マクロ政策で経済は「ソフトランディング」）	1997年のタイの金融危機の影響を受ける。インフレ抑制のためマクロ政策を実施して抑制に成功。国民経済は持続的かつ健全な発展をみせる。GDP成長率は年平均8.3%。
第10次五カ年計画 "十五計画" （2001〜2005年）	指令計划退場 市場配置資源 （計画的な撤退を指示、市場に資源を配備）	21世紀に入り、人々の生活が小康レベルに達し、初歩の社会主義市場経済体制が確立された。2001年にWTOにも加盟、中国は外国に市場を開放。しかし、農村問題、失業問題、資源不足、環境問題など課題は多い。
第11次五カ年計画 "十一五規划" （2006〜2010年）	変圧力为动力、化挑战为机遇 （プレッシャーを原動力に、挑戦をチャンスに変える）	2008年は四川大地震、世界的なリーマンショックで金融危機の影響を受けるなど苦難の1年であった。一方で、国の威信をかけた2008年の北京オリンピック、2010年上海万博の成功を遂げた。2010年にはGDP総額が世界第2位に。
第12次五カ年計画 "十二五規划" （2011〜2015年）	深化改革、依法治国、从严治党 （改革の深化、法治国家、共産党粛正）	改革の更なる深化と法治国家を標榜し、消費主導型成長への転換、最先端の製造業、新世代情報産業、エネルギー、バイオなど、新しい成長産業の育成、都市化の推進による地域振興を推進。GDP成長率は年平均7.82%。
第13次五カ年計画 "十三五規划" （2016〜2020年）	創新、協調、緑色、開放和共享 （刷新、協調、エコ、グローバルな市場開放と経済格差縮小の享受）	研究開発、イノベーション型の産業、資源バランス、環境に配慮した持続可能な発展を目指し、都市化問題も重要視。グローバル基準に基づいた外資導入と海外進出。

（出典）　中国語サイト「人民網」などを参考に作成

第 6 課　接待客人
Jiēdài kèrén

来客時の対応

課文　6・26

田　中：您好！我是和睦福多的田中，
Nín hǎo! Wǒ shì Hémù fúduō de Tiánzhōng,

昨天在电话里与王建国部长约好今天十一点见面……。
zuótiān zài diànhuàli yǔ Wáng Jiànguó bùzhǎng yuēhǎo jīntiān shíyī diǎn jiànmiàn…….

上海食品职员：欢迎光临！请跟我来。
Huānyíng guānglín! Qǐng gēn wǒ lái.

这是会议室，王部长马上就到，请在此稍候一下。
Zhè shì huìyìshì, Wáng bùzhǎng mǎshang jiù dào, qǐng zài cǐ shāo hòu yíxià.

王部长：（走进会议室）欢迎！欢迎！（握手）让你们久等了。
(zǒujìn huìyìshì) Huānyíng! Huānyíng! (wòshǒu) Ràng nǐmen jiǔ děng le.

谢谢两位百忙之中光临敝公司。
Xièxie liǎng wèi bǎi máng zhī zhōng guānglín bìgōngsī.

田　中：您好！上次我们谈得很愉快，
Nín hǎo! Shàngcì wǒmen tánde hěn yúkuài,

敝公司的北野总经理非常重视，今天也一起来了。
bìgōngsī de Běiyě zǒngjīnglǐ fēicháng zhòngshì, jīntiān yě yìqǐ lái le.

北野总经理：初次见面，我是北野，请多关照。（递名片）
Chūcì jiànmiàn, wǒ shì Běiyě, qǐng duō guānzhào. (dì míngpiàn)

王部长：久仰大名，今日幸会，不胜荣幸！（递名片）
Jiǔyǎng dàmíng, jīnrì xìnghuì, búshèng róngxìng! (dì míngpiàn)

请坐。这是中国茶，不知合不合两位的口味，请。
Qǐng zuò. Zhè shì Zhōngguó chá, bùzhī hé bùhé liǎng wèi de kǒuwèi, qǐng.

田　中：今天拜访的主要目的是想把上次谈的合同
Jīntiān bàifǎng de zhǔyào mùdì shì xiǎng bǎ shàngcì tán de hétong

双方进一步商谈一下，最好今天能定下来。
shuāngfāng jìn yí bù shāngtán yíxià, zuìhǎo jīntiān néng dìngxiàlai.

王部长：好吧，我也这么想。（进入正式商谈）
Hǎo ba, wǒ yě zhème xiǎng. (jìnrù zhèngshì shāngtán)

【日本語訳】
田　　中：（上海食品の受付で）こんにちは、ホームフードの田中です。先日、電話で本日の11時で王建国部長とお約束させて頂いているのですが……。
上海食品社員：ようこそお越し下さいました。ご案内致します。
こちらが会議室です。王はすぐに参ります。こちらで少しお待ちください。
王　部　長：（会議室へ入る）ようこそお越し下さいました。（握手）お待たせ致しました。本日はお忙しいところ弊社にお越し頂きましてありがとうございます。
田　　中：こんにちは。前回、話がはずみました件について、弊社の北野は非常に重視しております。そこで、今日は一緒にお伺いした次第です。
北野社長：初めまして、北野でございます。どうぞ宜しくお願いします。（名刺を渡す）
王　部　長：北野社長のお名前はかねがねお伺いしておりました。今日はお会いできて光栄です。（名刺を渡す）
どうぞ、おかけになって下さい。これは中国のお茶です。お口に合うかどうか分かりませんが、どうぞ召し上がって下さい。
田　　中：今日の訪問の主な目的は、先日の契約について双方でさらなる話し合いを行うためです。できれば、今日、決定致したく……。
王　部　長：ええ、私もそう思っておりました。（正式な商談に入る）

新出単語／重要語句

中文	日本語	English
接待 jiēdài	接待する、応待する	英 to host; receive
见面 jiànmiàn	会う、面会する	英 to meet
欢迎光临 huānyíng guānglín	ようこそ、いらっしゃいませ	英 Welcome. (greeting)
马上 mǎshang	すぐ、直ちに	英 at once
稍候 shāo hòu	しばらく待つ	英 to (ask someone to) wait briefly
百忙 bǎi máng	非常に忙しい、多忙	英 very busy
敝公司 bìgōngsī	弊社	英 our company (polite)
愉快 yúkuài	愉快、楽しい	英 happy
重视 zhòngshì	重視する	英 to emphasize
初次见面 chūcì jiànmiàn	はじめまして	英 Nice to meet you.
请多关照 qǐngduō guānzhào	どうぞよろしくお願いします	英 I hope to see more of you.
递 dì	手渡す	英 to pass; hand
名片 míngpiàn	名刺	英 business card
久仰大名 jiǔyǎng dàmíng	お名前はかねがねお伺いしております	英 I've long been looking forward to meeting you.
幸会 xìnghuì	お目にかかれて幸いです	英 Nice to meet you.
不胜 búshèng	～に堪えない	英 can't bear
荣幸 róngxìng	光栄だ、嬉しい	英 happy; honored
茶 chá	お茶	英 tea
位 wèi	～名様（「何人」という場合の「～人」より丁寧な表現）	
口味 kǒuwèi	味、好み	英 taste; flavor
最好 zuìhǎo	最もよい、一番よい	英 had better…
正式 zhèngshì	正式に	英 formally; officially

第6課

文法解説

1. 昨天在电话里与王建国部长约好今天十一点见面……。

結果補語

　　動詞・形容詞の後ろに用いて、動作や変化の結果を表す。否定は動詞や形容詞の前に「没」を用いる。目的語、アスペクト助詞は補語の後ろに置く。

《主な結果補語》

　　①動詞

　　～见　～懂　～完　～上　～下　～会　～到　～住

　　～开　～掉　～了

　　②形容詞

　　～好　～坏　～错　～长　～短　～大　～小　～清楚

　　～干净　～明白

　　ⅰ 看见田中了没有？　　　　　　ⅱ 吃完饭再走吧。
　　ⅲ 你的话我没听懂。　　　　　　ⅳ 她说错了吗？
　　ⅴ 我要学好中文。　　　　　　　ⅵ 请把房间打扫干净。

2. 上次我们谈得很愉快。

様態補語と程度補語の「得」☞～することが、……の（状態、程度）である。

　　動詞や形容詞の後ろに用いて、その状態、状況に対する描写、説明、評価を表す。主な用法は次の通りである。

　　① 主語 + 動詞 + 得 + 形容詞句
　　ⅰ　我哥哥　　　跑　　得　　很快。
　　ⅱ　她汉语　　　说　　得　　不太流利。

　　② 主語 (+ 動詞) + 目的語 + 動詞 + 得 + 形容詞句
　　ⅲ　他　　(说)　　日语　　说　　得　　有点儿生硬。
　　ⅳ　她　　(写)　　字　　　写　　得　　又快又好。

　　③ 主語 + 形容詞 + 得 + 很
　　程度の甚だしいことを表す。話し言葉によく用いられる。☞たいへん……
　　ⅴ　今天天气　　好　　得　　很。
　　ⅵ　中国　　　　大　　得　　很呢。

3. 久仰大名，今日幸会，不胜荣幸！

「不胜 + 動詞」

①☞耐えられない、持ちこたえられない

　ⅰ 体力不胜　　　　　　　　ⅱ 不胜烦恼

②☞〜に堪えない

　ⅲ 不胜感谢　　　　　　　　ⅳ 不胜荣幸

③「動詞 + 不胜 + 動詞」（前後同じ動詞を繰り返す）☞〜しきれない

　ⅴ 看不胜看的美景　　　　　ⅵ 防不胜防的事故

4. 今天拜访的主要目的是想把上次谈的合同双方进一步商谈一下。

前置詞「把」☞〜を

　　前置詞「把」を用いて動作の対象を動詞の前に置き、既存の特定の対象に対する積極的な働きかけを表す構文を作る（処置文）。多くは対象に何らかの状態変化や位置の移動を起こさせることを意図した動作を表すため、動詞句の前に能願動詞を、後ろには結果補語あるいは語気助詞をしばしば伴う。

　　（※否定の場合は、「不 + 把〜」「没（有）+ 把〜」）

　　主　語　+　(能願動詞) 把　+　目的語　+　動詞句（+ 語気助詞など）
　　(動作者)　　　　　　　　　(動作の対象)

　　ⅰ　我　　　　　　　把　　杯子　　打碎　　　了。
　　ⅱ　她　　　　不　　把　　我的话　放在心里。
　　ⅲ　她　　　　没　　把　　门　　　关上。
　　ⅳ　你　　应该先　　把　　资料　　给我看一下。

5. 最好今天能定下来。

助動詞「能」（「能 + 動詞」）☞〜できる

　　動詞の前に置かれ、もともとその能力を有していたり、可能性があったり、外的条件が許されたりする場合に用いる。また、基本的にできることを前提としながら、具体的にその能力がどのくらいの程度かを述べる場合に用いられる。

　　ⅰ 我感冒了，今天不能喝酒。　　ⅱ 明天的晚会你能参加吗？
　　ⅲ 昨天没能见到他。

練習問題

A. 本文を参考にして、ピンインを中国語の簡体字になおしましょう。
 1. Huānyíng guānglín!
 2. Chūcì jiànmiàn, wǒ xìng Shānběn.
 3. Qǐng duō guānzhào.

B. 本文を参考に、下線の部分を入れ替えて読んでみましょう。
 1. 请跟_____。(老师一起去　他们走　我说)
 2. _____ 马上就到,请在_____ 稍候一下。
   (李总／房间里　他／办公室里)
 3. 上次我们_____。(玩得很开心　谈得不太顺利)

C. 本文を参考にして、以下の単語を並び替え、正しい文章に作文してみましょう。
 1. (确认　您　上次　请　把　谈的合同　一下)
 2. (不胜荣幸　今日　久仰大名　幸会)
 3. (合不合　口味　你的　不知)

D. 次の日本語を中国語に訳してみましょう。
 1. これは有名な中国のお土産です。
   _____
 2. 前回の我々の商談はとても順調でした。
   _____
 3. お忙しいところ弊社にお越しいただきまして、ありがとうございます。
   _____

豆知識

縁起のよくない贈答品と無難なお土産

　日本では訪問時の手土産や記念品として「時計」を贈る習慣がある。中国語で時計とは"钟（zhōng）"と表現する。この発音は"终（zhōng）"と同じ発音で、「時計を贈る」は中国語で"送钟（sòngzhōng）"＝"送终（sòngzhōng）"＝「死」を意味することとなり、縁起がよくないといわれている。しかし、今ではそうでもなくなった。ほかにも、縁起の悪い贈り物として"梨（lí）"や"伞（sǎn）""扇子（shàngzi）"がある。梨と傘は"离散（lísàn）"と発音が似ているので、家族の絆や一家団欒の機会を大切にする中国人の生活習慣では、これらの贈り物はあまり好まれない。

　一方、「箸（はし）」は、中国語で"筷子（kuàizi）"と発音し、「楽しい、愉快だ」という"快乐（kuàilè）"と漢字は異なるが、"筷（kuài）""快（kuài）"の発音が同じことから、縁起がよい物とされる。もともと「箸」という漢字は、中国語で"箸（zhù）"と発音し、これは「止まる」意味を表す"住（zhù）"と同じ発音で、逆に縁起がよくない。そこで、物事が速く順調に進むように願いを込め、毎日、必ず使う"箸（zhù）"を"筷子（kuàizi）"と呼ぶようになった。

　なお、中国から日本へのお土産では、軽くて広範な人々に喜ばれるものとして、一般的に「お茶」が無難。ウーロン茶やジャスミン茶など、中国のお茶の種類はバラエティに富んでいる。

第6課

豆知識 中国のお茶の例

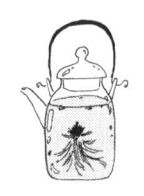

基本茶（六大茶類）

緑茶　　生産量・消費量ともに最も多いお茶。釜炒りでつくられ、茶葉は緑色をしている。
　　　　【代表銘柄】龍井茶、碧螺春、黄山毛峰

白茶　　茶葉の白毛の取れないうちに採取し、発酵度が非常に浅い段階で自然乾燥させたお茶。福建省で多く生産される。高級品が多い。
　　　　【代表銘柄】銀針白毫、白牡丹

黄茶　　製造工程中に軽度の発酵を行ったお茶。貴重品といわれるお茶。
　　　　【代表銘柄】君山銀針、蒙頂黄芽

青茶　　烏龍茶に代表されるお茶。発酵部分の褐色と不発酵部分の緑色が混じり合って、見た目が青っぽく見える。中国大陸産と台湾産がある。
　　　　【代表銘柄】凍頂烏龍、鉄観音、武夷岩茶、黄金桂、水仙

紅茶　　イギリスの紅茶文化を受け、中国で独自に発展したお茶。酸化発酵させる。
　　　　【代表銘柄】祁門、正山小種

黒茶　　完成した茶葉に微生物を植え付け、発酵させたお茶。長期間保存できる。
　　　　【代表銘柄】普洱茶、六堡茶

再加工茶

　　　　花茶（ジャスミン茶など）、緊圧茶、萃取茶、果味茶、薬用健康茶

（出典）伊藤園のサイトより一部抜粋　http://ocha.tv/varieties/chinesetea_varieties/

第 7 課　公司面试
Gōngsī miànshì

会社の面接

課文　7・27

北野总经理：你好！我是北野。
Nǐ hǎo! Wǒ shì Běiyě.

请先做一下自我介绍，好吗？
Qǐng xiān zuò yíxià zìwǒ jièshào, hǎo ma?

叶　忠：我叫叶忠。我在大学学的是市场经营学，
Wǒ jiào Yè Zhōng. Wǒ zài dàxué xué de shì shìchǎng jīngyíngxué,

毕业后就职于中和百货商店，一直在销售部工作。
bìyè hòu jiùzhí yú Zhōnghé bǎihuò shāngdiàn, yìzhí zài xiāoshòubù gōngzuò.

北野总经理：有什么爱好吗？
Yǒu shénme àihào ma?

叶　忠：看书和体育运动。
Kàn shū hé tǐyù yùndòng.

北野总经理：你比较喜欢读哪方面的书？
Nǐ bǐjiào xǐhuan dú nǎ fāngmiàn de shū?

叶　忠：比如日本的市场经营学的书，
Bǐrú Rìběn de shìchǎng jīngyíngxué de shū,

中国古典的孔子、孙子等等。
Zhōngguó gǔdiǎn de Kǒngzǐ、Sūnzǐ děngděng.

孙副总经理：谢谢！能不能谈一下您参加敝社面试的动机？
Xièxie! Néng bùnéng tán yíxià nín cānjiā bìshè miànshì de dòngjī?

叶　忠：好。我想以我多年从事市场经营工作经验和知识，
Hǎo. Wǒ xiǎng yǐ wǒ duōnián cóngshì shìchǎng jīngyíng gōngzuò jīngyàn hé zhīshi,

一定会对贵公司的新产品上市发挥自己的特长。
yídìng huì duì guìgōngsī de xīn chǎnpǐn shàngshì fāhuī zìjǐ de tècháng.

同时我也想通过从事与自己以前工作内容
Tóngshí wǒ yě xiǎng tōngguò cóngshì yǔ zìjǐ yǐqián gōngzuò nèiróng

不一样的食品流通工作，向新的领域挑战，
bù yíyàng de shípǐn liútōng gōngzuò, xiàng xīn de lǐngyù tiǎozhàn,

扩大自己的工作范围。
kuòdà zìjǐ de gōngzuò fànwéi.

北野总经理：你的理想是什么？
Nǐ de lǐxiǎng shì shénme?

你认为敝公司的工作，有助你的理想的实现吗？
Nǐ rènwéi bìgōngsī de gōngzuò, yǒu zhù nǐ de lǐxiǎng de shíxiàn ma?

叶　忠：是的。我的理想就是以多年积累的工作经验，
Shì de. Wǒ de lǐxiǎng jiùshì yǐ duōnián jīlěi de gōngzuò jīngyàn,

将来开一家与日本做贸易的公司。
jiānglái kāi yì jiā yǔ Rìběn zuò màoyì de gōngsī.

孙副总经理：好。录用与否，日后我们会跟你联系的。
Hǎo. Lùyòng yǔfǒu, rìhòu wǒmen huì gēn nǐ liánxì de.

如果录用的话，什么时候可以上班？
Rúguǒ lùyòng de huà, shénme shíhou kěyǐ shàngbān?

叶　忠：和现在工作的公司还需办一些交接手续，
Hé xiànzài gōngzuò de gōngsī hái xū bàn yìxiē jiāojiē shǒuxù,

大概需要一周左右吧。
dàgài xūyào yì zhōu zuǒyòu ba.

【日本語訳】

北野社長： こんにちは。私は（社長の）北野です。
　　　　　それでは早速ですが、まず自己紹介をして頂けますか。
葉　　忠： 私は「葉忠」と申します。私は大学でマーケティングを専門に学び、卒業後は中和百貨店に入りました。入社後は、ずっと営業部（販売部）で働いています。
北野社長： 何か趣味はありますか？
葉　　忠： 読書とスポーツです。
北野社長： どんなジャンルの本をよく読みますか。
葉　　忠： （例えば）日本的マネジメントを学ぶ経営学の本や、中国の古典の孔子や孫子などを読みます。
孫副社長： ありがとうございます。ところで、弊社の面接を受けようと思われた動機を少しお話して頂けますか？
葉　　忠： はい。私が長年携わってきたマーケティング業務の経験と知識を以てすれば、御社の新製品の市場参入時に必ずや私の長所を発揮できると思ったからです。また、私自身も今までとは違う食品流通の業務に関わることで、新しい分野にチャレンジし、自分の仕事の幅を広げたいと思っております。
北野社長： あなたの将来の夢は何ですか？　弊社で働くことが、あなたの夢の実現に役立ちますか？
葉　　忠： はい。私の夢は長年培った仕事の経験を生かして、いつか日本と貿易する会社を設立することです。
孫副社長： ありがとうございました。結果は、後日ご連絡させて頂きます。
　　　　　もし採用になった場合、いつから出社できますか。
葉　　忠： 現在勤務中の会社の引継ぎ手続き等があり、概ね1週間ぐらいかかるでしょう。

新出単語／重要語句

面试 miànshì	面接	英 job interview
自我介绍 zìwǒ jièshào	自己紹介	英 self-introduction
市场经营学 shìchǎng jīngyíngxué	マーケティング	英 marketing
毕业 bìyè	卒業する	英 to graduate
就职 jiùzhí	就職する	英 to be employed
于 yú	～に	英 at
中和百货商店 Zhōnghé bǎihuò shāngdiàn	中和百貨店（＊百貨店の固有名詞）	
一直 yìzhí	ずっと、一貫して	英 all the time; consistently
爱好 àihào	趣味	英 hobby
看书 kàn shū	読書／本を読む	英 read a book
体育运动 tǐyù yùndòng	スポーツ	英 sports; exercise
喜欢 xǐhuan	好む、好き	英 to like
古典 gǔdiǎn	古典の	英 classics
孔子 Kǒngzǐ	孔子	英 Confucius
孙子 Sūnzǐ	孫子	英 Sun Zi
参加 cānjiā	参加する	英 to join; participate
动机 dòngjī	動機、きっかけ	英 motive; incentive
多年 duōnián	長年	英 many years
从事 cóngshì	従事する	英 engage in
经验 jīngyàn	経験する	英 to experience
知识 zhīshi	知識	英 knowledge
一定 yídìng	きっと、必ず	英 certainly; surely
产品 chǎnpǐn	製品	英 products
上市 shàngshì	上場する、市場に出回る	英 to appear on the market
发挥 fāhuī	発揮する	英 to bring into play
特长 tècháng	特徴	英 positive feature; strength
流通 liútōng	流通	英 distribution
领域 lǐngyù	分野、フィールド	英 field
挑战 tiǎozhàn	挑戦する	英 to challenge
扩大 kuòdà	拡大する	英 to expand
范围 fànwéi	範囲	英 range; extent
理想 lǐxiǎng	理想	英 ideal; dream
认为 rènwéi	～とみなす、認識する	英 to regard; consider
有助 yǒuzhù	～に役立つ	英 to help; benefit

公司面试 ● 会社の面接

实现 shíxiàn	実現する	英 to realize
积累 jīlěi	累積する、蓄積する	英 to accumulate
开公司 kāi gōngsī	会社を設立（起業）する	英 to set up a company
贸易 màoyì	貿易	英 trade
录用 lùyòng	採用する	英 to employ
与否 yǔfǒu	～かどうか	英 whether or not
日后 rìhòu	後日、将来	英 some day
会 huì	～できる、～はずだ	英 can
上班 shàngbān	出勤する	英 to go to work
办手续 bàn shǒuxù	手続きする	英 to handle a procedure
交接 jiāojiē	引き継ぎ	英 to take over (a job)
大概 dàgài	概ね、だいたい	英 approximately
需要 xūyào	必要である	英 to need

風情のある大連のロシア人街

第7課

63

文法解説

1. 请**先**做一下自我介绍。

「先 + 動詞～　然后 + 動詞」☞　～してから……する、～したら……する
   前の動作と後ろの動作が、比較的短い間に実現される動作について述べる。
   ⅰ 先洗澡然后吃饭。　　　　　ⅱ 先练习然后比赛。

2. 请先做一下自我介绍，**好吗**？

補充疑問文：前文で話し手が先に自分の意見、主張などを提示し、後文に次のような形式の疑問表現で相手の意見を求める。
   ①～，行吗？／行不行？　～，可以吗？／可不可以？☞～してよろしいですか
   　～，对吗？／对不对？☞～ですよね、～で正しいですか
   　～好吗？／好不好？☞～でよいですか、～でいいですか
   ⅰ 明天早点儿回家，行吗？　　　ⅱ 我先去，可以吗？
   ⅲ 他是中国人，对吗？　　　　　ⅳ 你帮我写作业，好不好？
   ②～如何？　～怎么样？☞～はどうですか、～は如何ですか
   ⅴ 你看明天去如何？　　　　　ⅵ 咱们先来两瓶啤酒怎么样？

3. 有**什么**爱好**吗**？

「疑問詞 + ～吗？」疑問詞の不定用法
   この文型の疑問文では文中の疑問詞は不定疑問を表す。☞疑問詞 + ～か……か
   ⅰ 有什么事吗？　　　　　　　ⅱ 昨天你见到谁了吗？

4. **比如**日本的市场经营学的书。

接続詞「比如（～等）」☞例えば～（など）　　※例を挙げる時に用いる。
   ⅰ 我很喜欢花，比如玫瑰、牡丹、百合等等。
   ⅱ 中国有很多种茶，比如乌龙、毛峰、龙井等等。

5. 我想**以**我多年从事市场经营工作经验和知识，……。

前置詞「以」（文章語に多く用いる）
   ①動作・行為のよりどころ・方法を表す。☞～で、～を以て、～を用いて
   ⅰ 他以微笑迎接学生们的到来。　　ⅱ 以优异成绩考上了理想的大学。

②方法・基準を表す。☞～によって、～に基づいて、～に照らして
話し言葉の「按照、根据」に相当する。
　ⅲ 她每天以车代步。　　　　　ⅳ 平均每户以四人计算。
　　※「以～为～」☞～を……とする、～を……とみなす
　ⅴ 他们一家以种田为生。　　　ⅵ 以苦为乐。

6. 如果录用的话，什么时候可以上班？
接続詞「如果」：仮定を表す。☞もし～ならば
　多くの場合、「如果～的话，就……」のように呼応させて用いる。
　ⅰ 如果想去你就去。　　　　　ⅱ 如果不方便的话就算了。

革命の聖地、江西省の廬山で

練習問題

A. 本文を参考にして、ピンインを中国語の簡体字になおしましょう。
1. Wǒ xǐhuan kàn shū hé tǐyù yùndòng.
2. Wǒ zài Dàbǎn de bǎihuò shāngdiàn gōngzuò.
3. Shénme shíhou kěyǐ shàngbān?

B. 本文を参考に、下線の部分を入れ替えて読んでみましょう。
1. 请先 _____ 然后 _____。(付款／取货　念生词／念课文)
2. 你喜欢 _____ 哪方面的 _____?
   (看／电视节目　做／研究)
3. 如果 _____ 的话，_____。(有事／可以早走　喜欢／就拿去)

C. 本文を参考にして、以下の単語を並び替え、正しい文章に作文してみましょう。
1. (工作　销售部　一直　在　我)
2. (日本　一家　将来　做贸易的公司　开　与)
3. (需要　吧　一周　左右　大概)

D. 次の日本語を中国語に訳してみましょう。
1. 私が大学で学んだのは経済学です。
   _____

2. 明日あなたに連絡します。
   _____

3. 私は貴社の面接を受けたいです。
   _____

出身地方による人の特徴

豆知識

　日本で「関東人 vs. 関西人」、または、「東京人 vs. 大阪人」といわれるように、人々の考え方、習慣、食べ物の好み、言葉（方言）は違う。同じように、中国でもその地方によって、人々の特性が異なる。

北京人　政治好き。中国の首都人であるというプライドがある。北京語は言葉の語尾が儿化（アール化）されることが多く、独特の方言として残っている。

上海人　欧米の租界がある地で育った上海人は、欧米志向が強く、中国の他の地域より秀でたビジネスセンスを持つ。基本的に商売人が多く、聡明であるが、抜け目ない。
　　　　上海人は一般に外地から来た人を「よそ者扱い」し、上海人であるというプライド意識が強く、他の地域の中国人から一目置かれていると同時に距離を置かれる場合もある。街中では上海語が話されている。

広東人　欧米、東南アジアとの取引きにも慣れており、商機に敏感。中央政府のコントロールもあまり効かない無政府状態、「広東独立王国」といわれる。何でもありの世界で活躍する広東人は、相対的に政治意識は少なく、政治よりビジネス重視という人が多い。街中では広東語、潮州語などが話されている。

天津人　楽観性と自嘲にあふれている。威張るのを好まない、自由な雰囲気がある。財を好み、商売を好む。「足るを知る者は常に楽しい（知足者常乐）」という性格。

山東人　我慢強く、誠実で、サービス精神旺盛だと評判がよい。大らかで、北方人の気性を持ちながら、中国的なよい伝統を踏襲している。

江蘇人　上海に隣接し、外国企業の進出が進む地域であるが、上海に比べて素朴な雰囲気が残っている。江蘇人は比較的地味で真摯、コツコツ型だと評価されている。

浙江人　チャレンジ精神旺盛で、果敢。自分で企業を興す者が多い。中国で私営企業の数と規模が最も多い地域。中でも「温州人」は、商機を巧みに利用し、「温州モデル」といわれる私営企業の発展で注目を浴びた。

豆知識 中国人の苗字「姓」の由来

順位	姓	漢民族に占める割合	特徴
1	李 Lǐ	約7.94%	分布地域は非常に広い。李の姓を持つ人は中国の北方の省の出身者の割合が南方より高い。祖先は裁判を掌る官吏「理官（lǐguān）」で、「理（lǐ）」と「李（lǐ）」の発音が同じことから、「李」に改められた。
2	王 Wáng	約7.65%	全国各地に分布。とりわけ、山西、河北、河南に最も多い。その出自は、「王家」「王族」「君主」などとも関係する由緒正しき姓の代表。
3	張 Zhāng	約7.07%	分布地域は非常に広い。山東、河南、河北、四川省に多い。黄帝の子孫という説もあり、弓矢の術に長けていたことから、「張」の姓を賜った。
4	劉 Liú	約5.38%	分布地域は広い。河北、内モンゴル、遼寧、北京・天津地域に多い。炎帝・黄帝の子孫といわれ、末裔から枝分かれして得た姓との説がある。
5	陳 Chén	約4.53%	中国の南方に多い姓。台湾や広東省に多い。
6	楊 Yáng	約3.08%	全国に分布。とりわけ長江流域の省に多い。
7	趙 Zhào	約2.29%	山西、陝西、河南を中心に、分布地域は広い。祖先は西周時代の有名な馬車の使い手で、千里の道を馬を走らせ、世の反乱を平定したことから、その功績を称えられ、当時の王から「趙」の地方（今の山西洪洞県北）を与えられたことに由来するとの一説がある。
8	黄 Huáng	約2.23%	長江以南の地域に多く、特に広東省では「黄」の姓の人が多い。中国でも古くからある姓の一つで、春秋戦国時代に楚国が覇権を争った際に、黄国と隋国がこれに対抗した。出自は黄国の貴族の子孫と言われる。
9	周 Zhōu	約2.12%	長江流域に多い姓。祖先は、周の文王。
10	呉 Wú	約2.05%	江南地域に多い姓。とりわけ福建省に多い。

（出典）文龍編著『姓名学』中国工人出版社（2007年）

「姓」の漢字の説明表現

陈：耳东陈	黄：黄河的黄	李：木子李
刘：刘邦的刘	王：三横一竖王	吴：口天吴
赵：赵钱孙李的赵	周：周长的周	林：双木林

第 8 课　走马上任
Zǒumǎ shàngrèn

挨拶回り

课文　8・28

孙副总经理：陈主任，您好！不好意思又来打扰您。
Chén zhǔrèn, nín hǎo! Bù hǎoyìsi yòu lái dǎrǎo nín.

今天我是特地来介绍一下我们公司新来的
Jīntiān wǒ shì tèdì lái jièshào yíxià wǒmen gōngsī xīn lái de

负责经销开发的小叶，叶忠。
fùzé jīngxiāo kāifā de Xiǎo Yè, Yè Zhōng.

叶　忠：我叫叶忠。初次见面，您好，陈主任。
Wǒ jiào Yè Zhōng. Chūcì jiànmiàn, nín hǎo, Chén zhǔrèn.

陈主任：你好！以前在哪里高就？
Nǐ hǎo! Yǐqián zài nǎli gāojiù?

叶　忠：在中和百货商店做了八年的经销和市场开发工作。
Zài Zhōnghé bǎihuò shāngdiàn zuòle bā nián de jīngxiāo hé shìchǎng kāifā gōngzuò.

陈主任：那，您对我们这一行业一定很熟悉吧？
Nà, nín duì wǒmen zhè yì hángyè yídìng hěn shúxī ba?

叶　忠：哪里，还差得远呢。
Nǎli, hái chàde yuǎn ne.

现在的零售行业，主角正从少数大型
Xiànzài de língshòu hángyè, zhǔjué zhèng cóng shǎoshù dàxíng

百货商店转向数以千计的连锁店。
bǎihuò shāngdiàn zhuǎnxiàng shù yǐ qiān jì de liánsuǒdiàn.

我们将努力为市场提供受消费者欢迎的商品。
Wǒmen jiāng nǔlì wèi shìchǎng tígōng shòu xiāofèizhě huānyíng de shāngpǐn.

为了进一步提高服务质量，还望您多提宝贵意见，
Wèile jìn yí bù tígāo fúwù zhìliàng, hái wàng nín duō tí bǎoguì yìjiàn,

多多指教。
duōduō zhǐjiào.

陈主任：孙副总经理，贵公司来了如此能干的人才，
Sūn fùzǒngjīnglǐ, guìgōngsī láile rúcǐ nénggàn de réncái,

真是可喜可贺啊！
zhēn shì kěxǐ kěhè a!

孙副总经理：谢谢您的夸奖。
Xièxie nín de kuājiǎng.

以后他就专门负责贵公司的业务，还请多多关照啊。
Yǐhòu tā jiù zhuānmén fùzé guìgōngsī de yèwù, hái qǐng duōduō guānzhào a.

走马上任 ● 挨拶回り

【日本語訳】
孫副社長： 陳主任、こんにちは。
　　　　　度々お邪魔して恐縮ですが、今日は弊社の新人で営業開発担当の「葉忠」の紹介に参りました。
葉　　忠： 葉忠と申します。初めまして、陳主任。
陳 主 任： こんにちは。以前はどちらでお勤めでしたか？
葉　　忠： 中和百貨店で8年間、営業と市場開拓の業務に従事しておりました。
陳 主 任： それでは、この業界については、よく理解されているでしょう。
葉　　忠： いいえ、まだまだです。
　　　　　今の小売業界は、少数の大手百貨店から何千軒とあるチェーンストアにその主役が変わりつつあります。消費者に望まれる製品を市場に提供できるよう、頑張りたいと思います。
　　　　　サービスの質を高めるために、是非、貴重なご意見を提案下さい。
　　　　　どうぞよろしくお願い致します。
陳 主 任： 孫副社長、お宅の会社にこんな有能な人材が入って良かったですね！
孫副社長： お褒めにあずかり、ありがとうございます。御社専任の担当にしましたので、よろしく！

地下街に広がる中国大手の家電量販店「国美電器」

第8課

新出単語／重要語句

主任 zhǔrèn	主任	英 manager; director
不好意思 bù hǎoyìsi	恐縮だ、恥ずかしい	英 Sorry about that…
打扰 dǎrǎo	邪魔する	英 to disturb; interrupt
特地 tèdì	わざわざ	英 specially
负责 fùzé	責任を負う	英 to be responsible for
高就 gāojiù	栄転する	英 to transfer and promote
对 duì	～について、～に対して	英 about
熟悉 shúxī	熟知する	英 to be acquainted with
差 chà	劣っている	英 to be inferior; poor
▶还差得远 hái chàde yuǎn	（レベルや程度が）まだまだである	英 not nearly good enough
零售 língshòu	小売り	英 retail
行业 hángyè	業界	英 industry
主角 zhǔjué	主役、主演者	英 major role; leading charactor
转向 zhuǎnxiàng	～に転じる	英 to switch to
数以千计 shù yǐ qiān jì	千にも上る（数が多い）	英 very many
连锁店 liánsuǒdiàn	チェーン店	英 chain store
市场 shìchǎng	市場、マーケット	英 market
消费者 xiāofèizhě	消費者	英 consumer
商品 shāngpǐn	商品	英 goods
提高 tígāo	高める、向上させる	英 to raise; improve
服务 fúwù	サービス	英 service
质量 zhìliàng	品質、質	英 quality
高贵 gāoguì	高貴な	英 noble
意见 yìjiàn	意見	英 opinion; view
指教 zhǐjiào	教示する、指導する	英 to teach; advise; instruct
能干 nénggàn	能力がある、仕事ができる	英 able; competent
可喜可贺 kěxǐ kěhè	喜ばしい	英 glad; to feel blessed
夸奖 kuājiǎng	ほめる	英 to praise; admire
专门 zhuānmén	専門	英 speciality
业务 yèwù	業務	英 business affairs

文法解説

1. 您对我们这一行业一定很熟悉吧？

前置詞「对」

　　①動作の対象を表す。☞〜に向かって、〜に、〜に対して
　　　ⅰ 他对谁也没说那件事。　　　　ⅱ 我们决不应该对困难低头。
　　②対応・待遇（対人関係）を表す。☞〜に対して、〜に対する
　　　ⅲ 大家对我都很热情。　　　　　ⅳ 他对顾客态度很好。
　　③問題となる事柄を示す。☞〜について、〜に対して
　　　ⅴ 他对这个问题很有研究。　　　ⅵ 大家都对国际形势谈了自己的看法。

2. 主角正从少数大型百货商店转向数以千计的连锁店。

前置詞「从」

　　①移動の出発点を表す☞〜から、〜より
　　　ⅰ 他从国外回来了。　　　　　　ⅱ 从我家去车站要一刻钟。
　　②移動の経由点を表す☞〜から、〜を
　　　ⅲ 她从我身边走开。　　　　　　ⅳ 一只猫从门前跑过。
　　③「从 A 到 B」の形を用いて、時間や場所の起点と終点を示し、動作の時間と空間の範囲を表す。☞〜から……まで
　　　ⅴ 我从上午八点到下午五点工作。　ⅵ 从公司到机场要一个半小时。
　　　ⅶ 她的衣服从上到下都是新的。

3. 主角正从少数大型百货商店转向数以千计的连锁店。

「動詞 + 向」

　　動詞の後において、介詞（前置詞）連語補語となり、動作の方向を表す。
　　☞〜へ、〜に
　　　ⅰ 他把目光转向窗外。　　　　　ⅱ 河水流向大海。
　　ほかに、前置詞連語補語（結果補語同様）には次のようなものがある。
　　「〜在／到／自」☞〜に、〜から、〜まで、〜より、〜で
　　　ⅲ 名字写在哪儿？　　　　　　　ⅵ 咱们学到第几课了？
　　　ⅴ 我们都来自农村。

練習問題

A. 本文を参考にして、ピンインを中国語の簡体字になおしましょう。
1. Jīntiān dǎrǎo nín le.
2. Wǒ de hànyǔ shuǐpíng hái chàde yuǎn ne.
3. Qǐng duōduō zhǐjiào.

B. 本文を参考に、下線の部分を入れ替えて読んでみましょう。
1. 我叫 _____，认识您很高兴。(马丽　李燕　山本太郎)
2. 在 _____ 做了 _____ 工作。
(学校／十年的教育　公司／很长时间的技术设计)
3. 为了 _____，我们一起合作吧。
(完成项目　增加利润　改善产品质量)

C. 本文を参考にして、以下の単語を並び替え、正しい文章に作文してみましょう。
1. (差得　还　远呢　哪里)
2. (指教　请　多多　您)
3. (负责　专门　他　业务　贵公司的)

D. 次の日本語を中国語に訳してみましょう。
1. 私は中国の歴史についてよく知っています。
   _____
2. この商品は消費者に喜ばれています。
   _____
3. お褒めにあずかり、ありがとうございます。／恐縮です。
   _____

豆知識 日本の各都道府県と中国の友好省一覧

日本の県	中国の省	日本の県	中国の省	日本の県	中国の省
北海道	黒竜江省	長野県	河北省	島根県	寧夏回族自治区
宮城県	吉林省	岐阜県	江西省	岡山県	江西省
秋田県	甘粛省	静岡県	浙江省	広島県	四川省
山形県	黒竜江省	愛知県	江蘇省	山口県	山東省
栃木県	浙江省	三重県	河南省	香川県	陝西省
埼玉県	山西省	滋賀県	湖南省	高知県	安徽省
東京都	北京市	京都府	陝西省	福岡県	江蘇省
神奈川県	遼寧省	大阪府	上海市	長崎県	福建省
新潟県	黒竜江省	兵庫県	広東省	熊本県	広西チワン族自治区
富山県	遼寧省		海南省	沖縄県	福建省
福井県	浙江省	和歌山県	山東省		
山梨県	四川省	鳥取県	河北省		

豆知識 両国の政府首脳交流の軌跡

年　月	出　来　事
1972年9月	周恩来総理の招待で田中角栄総理が訪中。日中首脳会談が実現、日中共同声明を発表。
1978年10月	日中平和友好条約締結、鄧小平副総理が来日。
1992年10月	天皇、皇后が訪中（日中国交樹立20周年）。
1998年11月	江沢民国家主席来日（日中平和友好条約20周年）。日中共同宣言。
2005年4月	北京や上海をはじめ、中国各地で反日デモ発生。
2006年10月	安倍総理訪中。
2007年12月	福田康夫総理、訪中。
2008年5月	胡錦濤国家主席来日、「戦略的互恵関係」の包括的推進に関する日中共同声明を発表。
8月	北京オリンピックで福田総理訪中、胡錦濤主席、温家宝総理と会談。
10月	麻生太郎総理がASEM出席のため訪中。
2010年5月	温家宝総理来日。鳩山由紀夫総理と「戦略的互恵関係」について会談。
5～10月	上海万博開催。日本からは日本館、日本産業館を出展。
9月	尖閣諸島沖漁船衝突事件が発生。
2011年3月	日本で東日本大震災発生。中国政府が日本の復興に協力。
2018年5月	日中韓首脳会談出席のため、8年ぶりに李克強総理が来日。
10月	安倍総理訪中、「競争から協調へ」など、日中新時代三原則を打ち出す。

（出典）　Wikipedia　「日中関係史」等参照

第 9 課 出差准备
Chūchāi zhǔnbèi

課文 9·29

北野总经理：小李，我打算出趟差，回东京总公司
Xiǎo Lǐ, wǒ dǎsuàn chū tàng chāi, huí Dōngjīng zǒnggōngsī

汇报一下工作，大概要去两三天吧。
huìbào yíxià gōngzuò, dàgài yào qù liǎng sān tiān ba.

李月琴：是吗？我想您一定已跟总公司打过招呼了吧？
Shì ma? Wǒ xiǎng nín yídìng yǐ gēn zǒnggōngsī dǎguo zhāohu le ba?

有什么需要我做的吗？
Yǒu shénme xūyào wǒ zuò de ma?

北野总经理：没什么。对总公司董事们汇报的相关资料及各种
Méi shénme. Duì zǒnggōngsī dǒngshìmen huìbào de xiāngguān zīliào jí gèzhǒng

数据也都已经准备好了。本着简单明了的原则，
shùjù yě dōu yǐjīng zhǔnbèi hǎo le. Běnzhe jiǎndān míngliǎo de yuánzé,

着重说明我们的计划书的目的是什么，
zhuózhòng shuōmíng wǒmen de jìhuàshū de mùdì shì shénme,

会给本公司带来什么利益，就行了。
huì gěi běngōngsī dàilai shénme lìyì, jiù xíng le.

出張準備

李月琴： 那，是否要预订一下机票和酒店啊？
　　　　Nà, shìfǒu yào yùdìng yíxià jīpiào hé jiǔdiàn a?

北野总经理： 就订下周一上午的航班吧，叫他们马上出票。
　　　　Jiù dìng xià zhōu yī shàngwǔ de hángbān ba, jiào tāmen mǎshang chūpiào.

　　　　酒店就让总公司帮着订一下吧，
　　　　Jiǔdiàn jiù ràng zǒnggōngsī bāngzhe dìng yíxià ba,

　　　　那样享受优惠，能便宜一点。
　　　　nàyàng xiǎngshòu yōuhuì, néng piányi yìdiǎn.

李月琴： 好。那，我就安排公司的司机下周一去您家接您去
　　　　Hǎo. Nà, wǒ jiù ānpái gōngsī de sījī xià zhōu yī qù nín jiā jiē nín qù

　　　　机场吧。
　　　　jīchǎng ba.

北野总经理： 那就拜托了。
　　　　Nà jiù bàituō le.

【日本語訳】
北野社長： 李さん、2、3日の予定で業務報告のため東京本社に出張することにした。
李 月 琴： そうなんですか？ 社長のことですから、既に本社サイドへの根回しもお済みだとは、思いますが……。
　　　　　何か私の方でやるべきことはありますか？
北野社長： 大丈夫だ。本社の役員に報告する関連資料および各種資料のデータもすでに揃った。
　　　　　簡単明瞭をモットーに、我々の企画書の目的は何か、それが弊社にとってどんな利益（メリット）をもたらすのかに重点を置いて説明すればいいだろう。
李 月 琴： では、航空機の予約とホテルの手配がご必要でしょうか？
北野社長： フライトは来週月曜日午前の便で予約し、すぐに発券してもらってくれ。
　　　　　ホテルの方は、本社から予約をしてもらおう。そうすれば割引があり、安くなる。
李 月 琴： かしこまりました。では、社用車の運転手に来週月曜日に社長のご自宅から空港まで送迎してもらうよう手配します。
北野社長： じゃあ、よろしく頼むよ。

新出単語／重要語句

出差 chūchāi	出張する	英 business trip
趟 tàng	～回	英 number of times
	*往復する動作の回数を数える	
已经 yǐjing	すでに、もはや、もう	英 already
打招呼 dǎ zhāohu	あいさつする	英 to greet
董事 dǒngshì	役員	英 director; trustee
相关 xiāngguān	関連する、関係がある	英 to correspond to
数据 shùjù	データ	英 data
本着 běnzhe	～に基づき	英 to base; based on
简单明了 jiǎndān míngliǎo	簡単明瞭	英 simply; easily
原则 yuánzé	原則、ルール	英 principle; rule
着重 zhuózhòng	重点を置く	英 to put stress on
说明 shuōmíng	説明する	英 to explain
计划 jìhuà	計画、プラン	英 plan
带来 dàilái	もたらす	英 to bring
利益 lìyì	利益	英 profit; benefit
预订 yùdìng	予約する	英 to make a reservation
上午 shàngwǔ	午前	英 in the morning
航班 hángbān	航空便、フライト	英 flight
出票 chūpiào	発券する	英 to issue (a ticket)
享受 xiǎngshòu	享受する	英 to enjoy
优惠 yōuhuì	優遇、特恵	英 special treatment; discount
司机 sījī	運転手	英 driver
接 jiē	迎える	英 to pick up
拜托 bàituō	お願いする、頼む	英 to ask for; request

文法解説

1. 小李，我打算出趟差。

離合詞

離合詞とは主に、動詞と名詞が結合した単語である。離合詞は単独で単語として使うこともあれば、間に様々な要素を挿入することも出来る単語のことである。そのため、「離（離れる）合（合わせる）詞」と呼ばれる。離合詞の特徴は、その結合の間に「什么」や、アスペクト助詞「了・过」や補語、所有格「我的・他的・谁的」、時間詞「一会儿・两天的」等の要素を入れることが出来ることである。一部の離合詞には〈動詞+形容詞〉、〈動詞+動詞〉の構造もあるが、その場合でも、動詞・形容詞を名詞的に（目的語として）使っている。よく用いられるものには次のようなものがある。

※離合詞の例

出差	上班	睡觉	结婚	挣钱	随便	道歉	洗澡	打架	吵架
打折	散步	帮忙	考试	毕业	操心	安心	请假	放假	发烧
受骗	上课	游泳	吃苦	吃醋	吃惊	着急	走神	发呆	滑雪
滑冰	理发	聊天	见面	留学	鼓掌	伤心	生气	生病	跳舞

ⅰ 上了一天班，你不累吗？　　ⅱ 帮你的忙，就是帮我自己的忙。
ⅲ 你着什么急，他一定会回来。

2. 本着简单明了的原则，……

アスペクト助詞「着」☞～している、～してある

①動作或いは状態の持続を表す。

ⅰ 门开着。　　ⅱ 墙上挂着地图没有？
ⅲ 他总是背着一把旧二胡。

②「動詞 + 着 + 動詞」☞～して……する、～しながら……する

ⅳ 他背着二胡上街。　　ⅴ 可以带着女朋友一起去。

3. 就订下周一上午的航班吧，……

「上／下 + 数量表現 + 名詞」：順番を表す。☞～前の、～次の

ⅰ 上一年　　ⅱ 上个月　　ⅲ 下一位客人

4. ……，**叫**他们马上出票。

① 「叫 + 動詞」：使役文を構成する「让」（叫／使） ☞ ～させる
（※第 4 課の【文法解説】参照）

| 主語 | + | 让／叫／使 | + | 目的語 | + | 動詞（句）／形容詞（句） |

i 公司　　　　叫　　　　我　　　　负责财务工作。
ii 他　　不　叫　　　大家　　　告诉你。

② 動詞「叫」 ☞ ～と呼ぶ、～という（主に名前や呼び名を述べる時）
　※「叫」を用いて名前を述べる時は、フルネームで述べることに注意。

iii 您好！我叫王美华。　　　　iv 请您叫我"小王"。

③ 動詞「叫」 ☞ ～を注文する、来させる

v 我要叫一辆出租汽车。　　　　vi 请你帮我叫一杯葡萄酒。

上海万博（2010 年）の中国館

練習問題

A. 本文を参考にして、ピンインを中国語の簡体字になおしましょう。
   1. Nà jiù bàituō le.
   2. Nǐ néngbunéng piányi yìdiǎn?
   3. Nín xūyào wǒ gěi nín ānpái jiǔdiàn ma?

B. 本文を参考に、下線の部分を入れ替えて読んでみましょう。
   1. 我打算 ＿＿＿＿＿＿＿＿。（去海外旅游　去北京留学　参加面试）
   2. 叫 ＿＿＿＿＿＿ 马上 ＿＿＿＿＿＿。
      （她／回电　司机／开过来　小王／出发）
   3. 是否要预订一下 ＿＿＿＿＿＿＿＿ 啊？（酒店　网球场　返程票）

C. 本文を参考にして、以下の単語を並び替え、正しい文章に作文してみましょう。
   1.（需要　我　什么　吗　有　做的）
   2.（带来　什么　给　本公司　利益　这会）
   3.（机场　您家　接您去　司机　去）

D. 次の日本語を中国語に訳してみましょう。
   1. シングルの部屋を一部屋予約して下さい。

   ＿＿＿＿＿＿＿＿＿＿＿＿＿＿＿＿＿＿＿＿＿＿＿＿

   2. 彼にすぐに私へコールバックさせて下さい。

   ＿＿＿＿＿＿＿＿＿＿＿＿＿＿＿＿＿＿＿＿＿＿＿＿

   3. 私は中国に行って友達に会いたい。

   ＿＿＿＿＿＿＿＿＿＿＿＿＿＿＿＿＿＿＿＿＿＿＿＿

豆知識

"似是而非" —— 似て非なる日本語と中国語（漢字語）

日本の漢字は古（いにしえ）の時代に中国から学んだものである。日本人が中国語を勉強すると、初めは漢字で何となく意味がわかり、「中国語を理解できる」と思ってしまう。しかし、同じ形をした漢字でも、日本語と中国語の意味は全く違う。ここに中国語を学ぶ難しさと、その学習過程における日本人ならではの「落とし穴」がある。

同じ漢字でも日本語に訳すと意味が異なる中国語

中国語			日本語	
単語	発音	意味	単語	意味
手纸	shǒuzhǐ	ちり紙	手紙	てがみ、郵便物
研究	yánjiū	検討する、相談する	研究	真理を究めること
就业	jiùyè	就職する	就業	業務に就くこと
就职	jiùzhí	高いポストに就く	就職	職につくこと
部长	bùzhǎng	大臣、〜相	部長	部の最高責任者
经理	jīnglǐ	部長、マネージャー	経理	会計担当
大意	dàyì	不注意、うっかりする	大意	あらまし、大筋
检讨	jiǎntǎo	反省、自己批判する	検討	詳細に調べる、考える
真面目	zhēnmiànmù	真相、真実、真価	真面目	誠実なこと、本気
感激	gǎnjī	感謝する	感激	気持ちが高ぶること
酷	kù	格好いい、クール	酷	むごい、残忍な
汤	tāng	スープ	湯	お湯、銭湯のマーク
汽车	qìchē	自動車	汽車	列車、汽車
约束	yuēshù	束縛	約束	将来の取決め、約定
爱人	àirén	奥さん或いはご主人	愛人	恋人、愛人
老婆	lǎopo	家内、女房	老婆	年とった女
工夫	gōngfu	時間、ひま	工夫	考えついた良い方法
勉强	miǎnqiáng	無理強い	勉強	学ぶこと
大丈夫	dàzhàngfu	一人前の男性、亭主関白	大丈夫	問題ないこと
床	chuáng	ベッド	床	ゆか、とこ
料理	liàolǐ	処理する、切り盛りする	料理	調理、料理
人间	rénjiān	世間、人の世	人間	人物、人柄、人類
新闻	xīnwén	ニュース	新聞	新聞紙、定期刊行物

中国語			日本語	
単語	発音	意味	単語	意味
娘	niáng	母親	娘	若い未婚の女性
模样	múyàng	容貌、身なり、格好	模様	様子、ありさま、紋様
结实	jiēshi	丈夫である	結実	実を結ぶこと
结束	jiéshù	終わる	結束	互いに団結すること
迷惑	míhuo	戸惑う	迷惑	迷惑する
气味	qìwèi	におい、気配	気味	傾向を帯びていること
亲友	qīnyǒu	親戚と友達	親友	信頼できる親しい友
用意	yòngyì	意図、下心、意味	用意	準備、支度
野菜	yěcài	食用になる野生植物	野菜	野菜、青物
二百五	èrbǎiwǔ	まぬけ、うすのろ	二百五	数字の205
十三点	shísāndiǎn	愚か者、まぬけ	十三点	点数の13点
上品	shàngpǐn	上等なもの、高級品	上品	気品がある
事情	shìqing	事、事柄、用事	事情	事情

漢字
Kanji

汉字
Hànzì

第10课 午饭时的会话
Wǔfàn shí de huìhuà

课文 10·30

田　中：午休时间到了。今天吃点儿什么呢？
Wǔxiū shíjiān dào le. Jīntiān chī diǎnr shénme ne?

小李，别总吃盒饭了，偶尔去外边吃点儿，怎么样？
Xiǎo Lǐ, bié zǒng chī héfàn le, ǒu'ěr qù wàibiān chī diǎnr, zěnmeyàng?

李月琴：好啊。今天没时间，下次吧。
Hǎo a. Jīntiān méi shíjiān, xiàcì ba.

田　中：在日本，如果公司没有食堂，女职员们就做盒饭
Zài Rìběn, rúguǒ gōngsī méiyǒu shítáng, nǚ zhíyuánmen jiù zuò héfàn

带到公司里来。中国呢？
dàidào gōngsīli lái. Zhōngguó ne?

李月琴：在中国一般都不喜欢吃凉了的盒饭，习惯吃热饭，
Zài Zhōngguó yìbān dōu bù xǐhuan chī liángle de héfàn, xíguàn chī rèfàn,

所以我每天都是在临近中午时订中餐盒饭。
suǒyǐ wǒ měitiān dōu shì zài línjìn zhōngwǔ shí dìng zhōngcān héfàn.

公司有食堂的话，一般都是自助餐。
Gōngsī yǒu shítáng de huà, yìbān dōu shì zìzhùcān.

昼食時の会話

中国物价比较便宜，与其早起做盒饭还不如在外面吃
Zhōngguó wùjià bǐjiào piányi, yǔqí zǎoqǐ zuò héfàn hái bùrú zài wàimiàn chī

或者订盒饭省事。我想吃盒饭又简单又方便。
huòzhě dìng héfàn shěngshì. Wǒ xiǎng chī héfàn yòu jiǎndān yòu fāngbiàn.

田　中：那，明天中午我请客，去外面吃吧。
Nà, míngtiān zhōngwǔ wǒ qǐngkè, qù wàimiàn chī ba.

李月琴：哎呀，听说日本男人除了自己的女朋友以外，
Āiyā, tīngshuō Rìběn nánrén chúle zìjǐ de nǚpéngyou yǐwài,

都是ＡＡ制。田中科长，您可真大方啊！
dōushì AA zhì. Tiánzhōng kēzhǎng, nín kě zhēn dàfang a!

田　中：不是说"入乡随俗"嘛。
Búshì shuō "rù xiāng suí sú" ma.

这儿可是中国啊，就给男人一个表现的机会吧。
Zhèr kěshì Zhōngguó a, jiù gěi nánrén yí ge biǎoxiàn de jīhuì ba.

李月琴：恭敬不如从命，那明天就让您破费了。
Gōngjìng bùrú cóngmìng, nà míngtiān jiù ràng nín pòfèi le.

第10課

【日本語訳】

田　中　：お昼休みだ。さぁ、今日は何を食べようかなぁ。
　　　　　李さん、いつもお弁当ばかり食べていないで、たまには外食しようよ。
李月琴　：いいですね。今日は時間がないので、次回にお願いします。
田　中　：日本の会社では、食堂がなければ、女子社員はお弁当を作って出社するけど、中国ではどうなの？
李月琴　：中国では冷めたお弁当は食べません。温かいものを食べる習慣があるので、私は毎日お昼前に中華弁当を注文しています。会社に食堂がある場合は、一般的にはビュッフェスタイルです。
　　　　　中国の食べ物は安いので、わざわざ朝早くから起きてお弁当を作るより、外食かこのように注文する方が手間を省けるのです。手軽で便利だからお弁当を食べます。
田　中　：じゃあ、明日のお昼は僕がご馳走するから、外食しよう。
李月琴　：あら～っ、日本の男性は自分の彼女以外の人には「割り勘」だと聞いていたけど、田中課長は、ずいぶん気前がいいのですね。
田　中　：「郷に入っては、郷に従え」だろ？　ここは中国だよ。たまには男性に花をもたせてよ。
李月琴　：では、お言葉に甘えて、明日はご馳走になります。

新出単語／重要語句

中文	日本語	英 English
午休 wǔxiū	昼休み	lunch time
别 bié	～するな（禁止）	Don't...
盒饭 héfàn	弁当	lunch; luncheon
偶尔 ǒu'ěr	偶然、たまに	by accident; accidentally
简单 jiǎndān	簡単な	easy
方便 fāngbiàn	便利な	convenient
食堂 shítáng	食堂	cafeteria
凉 liáng	涼しい	cool
习惯 xíguàn	習慣／慣れる	to get accustomed to
临近 línjìn	近づく、～に近い	near
中餐 zhōngcān	中華料理	Chinese food
一般 yìbān	一般に	generally
自助餐 zìzhùcān	セルフサービスの食事、ビュッフェ	self-service cafeteria
或者 huòzhě	あるいは、または	or
省事 shěngshì	手間が省ける	to save trouble
请客 qǐngkè	招く、ご馳走する、おごる	to treat; buy; stand treat
听说 tīngshuō	聞くところによると	to hear that...
AA制 AA zhì	割り勘	to go Dutch
大方 dàfang	気前がよい、鷹揚である	generous; liberal; lavish
入乡随俗 rù xiāng suí sú	郷に入っては郷に従え	to fit in with local customs
表现 biǎoxiàn	表す、示す	to express
机会 jīhuì	機会	chance; opportunity
恭敬不如从命 gōngjìng bùrú cóngmìng	お言葉に甘えて	Obedience is better than politeness.
破费 pòfèi	（金や時間を）使う、費やす	to spend

文法解説

1．小李，**别**总吃盒饭了。

禁止と制止を表す「別」

　①禁止：「(二人称) ＋ 別 ＋ 動詞文」 ☞ ～するな
　　　ⅰ 你别走！　　　　　　　　　　ⅱ 别说话。
　②中断・中止：「(二人称) ＋ 別 ＋ 動詞文 ＋ 了」
　　☞ (～しているのを中断・中止させる) → もう～しないで、もう～するな
　　　ⅲ 太晚了，今天别回去了。　　　ⅳ 别说话了，开始开会了。

2．……，**所以**我每天都是在临近中午时订中餐盒饭。

接続詞「所以」：因果関係を述べる文において、結果・結論を表す。
☞～だから、したがって～
　　　ⅰ 这里气候宜人风景优美，所以夏天游客很多。
　　　ⅱ 我所以赞成是因为我认为这是最佳方案。

3．……，**与其**早起做盒饭还**不如**在外面吃或者订盒饭省事。

接続詞「与其～不如……」 ☞ ～よりも……のほうがましである
　　　ⅰ 与其让他去，还不如我自己去。　ⅱ 与其多一事，不如少一事。

4．我想吃盒饭**又**简单**又**方便。

副詞「又～又……」
　一つの事柄や一つの場面が同時に二つの性質や状況を併せもつことを意味する。
　主に次のような用法がある。
　①「又 ＋ 形容詞 ＋ 又 ＋ 形容詞」 ☞～であり、……でもある
　　　ⅰ 十五的月亮又圆又亮。　　　　ⅱ 他女朋友又聪明又漂亮。
　②「又 ＋ 動詞 ＋ 又 ＋ 動詞」 ☞～したり……したりする
　　　ⅲ 大家又唱又跳非常愉快。　　　ⅳ 她又是哭又是笑到底怎么了？

5．听说日本男人**除了**自己的女朋友**以外**，……

前置詞「除了」 ☞～を除いて、～するほか、～以外
　　　ⅰ 除了猪肉以外什么肉都吃。　　ⅱ 这件事除了小王，小李也知道。

6. 您可真大方啊！

副詞「可」：強調を表す（自分の感想を感情移入して強調する時に用いる）。
　①強く発音する。程度の高いことを強調し、時にはやや誇張を含む。
　☞とても～、大変～、非常に～
　　※文末にはよく「啦／呢／了」などを伴う。
　ⅰ 快来看吧，可好看啦。　　　　ⅱ 这个橘子可好吃了。
　②望んでいたことが実現し、良かったという気持ちを表す。
　☞とうとう～、ついに～、やっと～
　望みが実現され、まあよかったという気持ちを表す。必ずしも強く読まない。
　ⅲ 等了半天，你可来了。　　　ⅳ 你终于好了，这下可放心了。
　③「可 + 形容詞」：後に来る形容詞の程度を強調する。☞とても～、すごく～
　ⅴ 这孩子可真可爱。　ⅵ 你汉语说得可真好。　ⅶ 她长得可真漂亮。
　④平叙文に用い強調或は断定を表す。意外であるという気持ちを表すこともある。
　ⅷ 别问我，我可不知道。　ⅸ 我这可不是开玩笑。　ⅹ 你可别忘了。
　⑤願望を表す文に用い、願望の気持ちを強める。☞ぜひ～、ぜひとも～、必ず～
　ⅺ 你可要注意身体啊。　　　　ⅻ 明天你可得早点儿来。
　⑥疑問文に用いる。☞～かどうか
　ⅹⅲ 你一向可好？　　　　ⅹⅳ 你可曾知道？

ハノイの孔子廟（ベトナム）

練習問題

A. 本文を参考にして、ピンインを中国語の簡体字になおしましょう。
   1. Xiàbān shíjiān dào le.
   2. rù xiāng suí sú
   3. Jīntiān wǒ qǐngkè.

B. 本文を参考に、下線の部分を入れ替えて読んでみましょう。
   1. 今天 _____ 什么呢？（喝点儿　看点儿　玩点儿）
   2. _____ 又 _____ 又 _____ 。
      （那本书 / 长 / 难　这个东西 / 方便 / 安全）
   3. _____ 的话，一般都是 _____ 。
      （排队的人多 / 好餐馆　理想太高 / 晚婚）

C. 本文を参考にして、以下の単語を並び替え、正しい文章に作文してみましょう。
   1. （在外面吃　与其　早起　或者　订盒饭　还不如　省事　做盒饭）
   2. （我请客　中午　吃　吧　去　外面　明天）
   3. （女朋友　以外　都是　ＡＡ制　听说　除了　自己的　日本男人）

D. 次の日本語を中国語に訳してみましょう。
   1. 宿題を忘れないで下さい。
      _____

   2. 日本では一般には割り勘です。
      _____

   3. 聞くところによると、彼女はアメリカに住んでいたことがあるそうだ。
      _____

各地の中華料理

豆知識

中国の国土は広く、56の民族（漢民族と55の少数民族）から構成される多民族国家である。各地の特産物、素材、人々の味覚もそれぞれ異なり、長い歴史の中で調理法も洗練され、今日のような多彩な中華料理を生み出した。

初めは、四川料理、淮揚料理、広東料理、山東料理の四大料理"四大菜系（sì dà cài xì）"に分かれていた。その後、福建料理、浙江料理、湖南料理、安徽料理も有名になって、八大料理"八大菜系（bā dà cài xì）"という言い方もできたという。また、日本では、中華料理といえば「北京料理」「四川料理」「上海料理」「広東料理」として親しまれている。

①川菜（四川料理）： 舌が痺れるほど激辛の料理が多い。お馴染みの「マーボー豆腐」発祥の地。
特徴：麻辣
　　　málà
料理には、唐辛子、胡椒、生姜などを多く用いる。

②淮揚菜（淮揚料理）： 長江下流域一帯の料理。揚州、南京、蘇州、無錫などの料理。
特徴：香甜
　　　xiāngtián
ウナギ、スッポン、ナマコ、金華ハムなどを料理に使う。
日本人が好きなチャーハンも「揚州炒飯」にそのルーツをたどることができる。
料理には、しょう油、黒酢、紹興酒、砂糖を多く用いる。

③粤菜（広東料理）： 広州、潮州などの料理。フカヒレ、鮑など海鮮ものを使う。
特徴：清淡
　　　qīngdàn
料理には、オイスターソース、豆醬、XO醬、魚醬などを多く用いる。

④魯菜（山東料理）： 山東省一帯の料理。塩味が強く、ニンニクを多用し、味全般が濃厚。
特徴：浓重
　　　nóngzhòng
孔子の故郷（曲阜）であるこの地には、昔の宮廷料理も残っている。
料理には、葱、みそ、腐乳（豆腐よう）などを多く用いる。

日本人に馴染みのある中華料理のメニュー例

　日本でよく知られている、肉まん、シューマイ、春巻きといった小皿の「点心」は、中国では「ヤムチャ（飲茶）」と呼ばれる食事スタイルで、香港や広東省など南方を中心とした代表的な食文化である。お茶を飲みながらいろいろなメニューをみんなでシェアするので、中国のレストランは、とても賑やか。食事は友達づくりからビジネスの情報交換の場まで、中国では欠かせない「交流の場」である。

・シューマイ	烧卖 shāomài	・肉まん	肉包子 ròubāozi
・春巻き	春卷 chūnjuǎn	・ワンタン	馄饨 húntun
・ギョーザ	饺子 jiǎozi	・チャーハン	炒饭 chǎofàn
・焼きそば	炒面 chǎomiàn	・ラーメン	汤面 tāngmiàn
・マーボー豆腐	麻婆豆腐 mápó dòufu	・杏仁豆腐	杏仁豆腐 xìngrén dòufu

豆知識

ＡＡ制（割り勘）の由来

　「ＡＡ制」は日本語では割り勘の意味。16～17世紀の大航海時代にオランダやベニスの商人が海上貿易で活躍した時に、商談のために会合や食事会を持つ際に当初は持ち回りであった。移動の多い商人からはきちんと費用を回収することが難しかったため、負担が誰かに集中しないよう、このような割り勘の習慣ができたという。しかし、由来の説は様々である。

　英語では「Acting Apointment」とも言われ、香港人も「All Apart」の頭文字をとって、広東語で「ＡＡ制（AA jai[3]）」という。

第11课 接机准备
Jiējī zhǔnbèi

空港出迎え

第11课

課文 11·31

田　中：小李，从日本来的客人几点到浦东机场？
Xiǎo Lǐ, cóng Rìběn lái de kèrén jǐ diǎn dào Pǔdōng jīchǎng?

李月琴：下午两点。
Xiàwǔ liǎng diǎn.

田　中：糟糕！慢慢吃饭的话，就来不及接机了。
Zāogāo! Mànmàn chīfàn de huà, jiù láibují jiē jī le.

去浦东机场至少得一个小时呢。
Qù Pǔdōng jīchǎng zhìshǎo děi yí ge xiǎoshí ne.

北野总经理：是啊，田中，今天的客人是从总公司来的
Shì a, Tiánzhōng, jīntiān de kèrén shì cóng zǒnggōngsī lái de

重要客人，拜托了！
zhòngyào kèrén, bàituō le!

他们可都不懂中文，下午你得好好儿翻译啊！
Tāmen kě dōu bù dǒng Zhōngwén, xiàwǔ nǐ děi hǎohāor fānyì a!

田　中：这么重要的客人，我怎么能胜任啊！
Zhème zhòngyào de kèrén, wǒ zěnme néng shèngrèn a!

北野总经理：别紧张，做翻译最重要的就是积累经验，
Bié jǐnzhāng, zuò fānyì zuì zhòngyào de jiùshì jīlěi jīngyàn,

不怕错，镇静机敏。
bú pà cuò, zhènjìng jīmǐn.

通过这种机会能够不断提高翻译的水平。
Tōngguò zhè zhǒng jīhuì nénggòu búduàn tígāo fānyì de shuǐpíng.

你就当是拿着工资在学习吧，好好儿干！
Nǐ jiù dàngshi názhe gōngzī zài xuéxí ba, hǎohāor gàn!

如果今天公司的要人满意了，说不定你就可以
Rúguǒ jīntiān gōngsī de yàorén mǎnyì le, shuōbudìng nǐ jiù kěyǐ

飞黄腾达了呢。
fēi huáng téng dá le ne.

田　中：但愿如此。您可不要再给我施加压力了。我走了。
Dànyuàn rúcǐ. Nín kě búyào zài gěi wǒ shījiā yālì le. Wǒ zǒu le.

【日本語訳】
田　　中：李さん、日本からのお客様は何時に浦東空港に到着だった？
李 月 琴：午後2時です。
田　　中：しまった！　ゆっくりご飯食べていたら、迎えの時間に間に合わないよ。
　　　　　浦東空港は少なくとも1時間はかかるからね。
北野社長：そうそう、田中くん、今日のお客は本社から出張のVIPだ。宜しく頼んだぞ！
　　　　　彼らはみんな中国語が解らないから、午後は君がしっかり通訳してくれよ。
田　　中：そんなエライサン達のお相手が僕で務まるでしょうか。
北野社長：そう硬くなるな。通訳の基本は「場数を踏むこと」。失敗を恐れず、冷静に機
　　　　　転を利かせてやって来い。こういう機会があってこそ、通訳レベルがアップする
　　　　　んだ。
　　　　　お給料頂いて勉強させてもらっていると思って、しっかりな。
　　　　　今日の会社のVIPのお方々が満足したら、君の将来にも光が差すというものだ。
田　　中：だったらいいんですけどねぇ……。そんなにプレッシャーを与えないで下さい
　　　　　よ。では、行ってきます。

接机准备 ● 空港出迎え

新出単語／重要語句

接机 jiē jī	（航空機の乗客を）出迎える	to meet a plane
客人 kèrén	お客様、客	guest; visitor
浦东机场 Pǔdōng jīchǎng	浦東空港	Pudong Airport
糟糕 zāogāo	しくじる、だめになる	to be bad; terrible
慢 màn	遅い、ゆっくりである	slow
来不及 láibují	間に合わない	There is not enough time.
至少 zhìshǎo	少なくとも、せめて	at the very least
得 děi	～しなければならない	must
重要客人 zhòngyào kèrén	VIP、要人	VIP
翻译 fānyì	通訳する	to interpret
胜任 shèngrèn	任に堪えうる	to be competent; be equal to
紧张 jǐnzhāng	緊張する	to feel pressure; stress
怕错 pà cuò	間違いを恐れる	to be afraid of making mistakes
镇静 zhènjìng	落ち着く、冷静	to calm down
机敏 jīmǐn	機敏である、すばしこい	smart; quick
通过 tōngguò	～を通じて、～を通して	through
不断 búduàn	絶えず	constantly; continually
提高 tígāo	向上する	to raise; improve
水平 shuǐpíng	レベル	level
当是 dàngshi	てっきり～だと思う	to assume
拿 ná	つかむ、持つ	to take; get
工资 gōngzī	給料、賃金	salary; wage
满意 mǎnyì	満足する	to be satisfied
说不定 shuōbudìng	～かもしれない	may; might
飞黄腾达 fēi huáng téng dá	とんとん拍子に出世すること	to be rapidly promoted
但愿 dànyuàn	願わくば～	to desire things to be a certain way
施加 shījiā	加える、与える	to give
压力 yālì	プレッシャー	pressure

第11課

文法解説

1．去浦东机场至少得一个小时呢。／下午你得好好儿翻译啊！

助動詞「得（děi）」＋ 動詞☞～しなければならない、～せざるをえない

 i 你得努力工作。   ii 我得马上去公司一趟。

2．……，就来不及接机了。

可能を表す動詞句構造（可能補語）

 ①「動詞 ＋ 得（de）／不 ＋ 結果補語」：動作の結果として補語の意味する変化・状態が、「実現し得る・し得ない」ということを表す。☞～できる、～しうる

 i 看得懂／看不懂   ii 听得见／听不见
 iii 睡得着／睡不着   iv 买得到／买不到
 v 洗得干净／洗不干净   vi 说得清楚／说不清楚
 vii 吃得了／吃不了

 ②「動詞 ＋ 得（de）／不 ＋ 方向補語」：動作・行為が 実現し得る／し得ないことを表わす。☞～できる、～しうる

 viii 穿得进去 ix 钻不进去 x 作得出来
 xi 走不出去 xii 飞不过去 xiii 站不起来
 xiv 跳得上来 xv 称不上优秀 xvi 看不出什么异常
 xvii 世上没有越不过的山

3．下午你得好好儿翻译啊！

形容詞の重ね型「好好（儿）」

 述語、様態補語、連体修飾語、連用修飾語として用いられる。
 ☞よく～、ちゃんと～、十分に～
 i 你再好好儿地想一下。 ii 今天我想好好儿休息一下。
 iii 好好儿的人怎么说没就没了呢。 iv 我们说得好好儿的，他一定会来。

4．不怕错，镇静机敏。

「怕 ＋ 動詞文・形容詞文」☞心配する、気にかかる、恐れる、嫌う、怖い、～が苦手、たぶん～かもしれない

 i 你别怕负责任。   ii 我怕你不知道，特意让她告诉你。

ⅲ 她怕胖，不吃米饭。　　　　ⅳ 我怕热，咱们开空调吧。
ⅴ 事情怕不那么简单。

5. 通过这种机会能够不断提高翻译的水平。
前置詞「通过」：媒介や手段を表す。☞〜を通じて、〜を通して、〜によって
　　ⅰ 通过翻译进行交谈。　　　　ⅱ 通过广告做宣传。
　　※（比較）「经过」は時間や場所に対して用い、ある行為の結果を表す。
　ⅲ 经过多年的努力，他终于成功了。
　ⅳ 你经过邮局的时候，帮我把这封信寄了吧。

6. 你就当是拿着工资在学习吧。
「当（是）」☞〜とする、〜とみなす、〜と思う
　　ⅰ 你还没走啊，我当你已经走了呢。　ⅱ 把别人的事当是自己的事去做吧。

7. 您可不要再给我施加压力了。
副詞「再」
　①動作・状態の繰り返しや継続を表す。多くは未来の動作に用いる。
　　　☞再び〜、引き続き〜、もう一度〜、これ以上〜
　a.「再 + 動詞」
　　ⅰ 我们要学习，学习，再学习。　　ⅱ 我们还能再见面吗？
　b.「一 + 動詞（一文字）+ 再 + 前出動詞」☞一度〜した上にまた……する
　　ⅲ 你不能一错再错了。　　　　ⅳ 这件事一拖再拖什么时候才能解决？
　c.「再…就・都」☞〜以上……したら
　　※仮定文に用いる
　　ⅴ 你再迟到，我就要批评你了。　　ⅵ 你再说，我可生气了。
　d.「再…也・还是」の形（譲歩を表す）☞たとえ〜しても、どんなに〜しても
　　ⅶ 你再解释也没用，我不会相信的。　ⅷ 再怎么劝，他还是不听。
　②ある動作が未来のある時間に行われる或いは別の動作の後になされることを表す。☞〜（になって）それから、〜してから
　　ⅸ 今天来不及了，明天再说吧。　　ⅹ 下午再讨论吧，上午得准备准备。
　　ⅺ 你好好休息，等病好了，再上班吧。
　　ⅻ 先调查清楚了，再考虑怎么处理。

③形容詞の前に用い、程度が高まることを表す。

a.「比 + 再 + 形容詞」☞ ～より更に（もっと）……

ⅹⅲ 请给我一个比这个再大一些的。　　ⅹⅳ 没有比这个再好的了。

b.「再 + 形容詞 +（也）没有了／不过了」☞ ～とはなによりだ

ⅹⅴ 能这样做，可真是再好不过了。　　ⅹⅵ 失去这个机会真是再遗憾也没有了。

c.「形容詞 + 得 + 不能 + 再 + 前出形容詞（多くは単音節語）」

　☞ ～以上……ならない、～以上……ない

ⅹⅶ 他们俩好得不能再好了。

d.「再 + 形容詞」：譲歩の仮定に用いる。☞ さらに～でも

ⅹⅷ 风再大，天再冷也要去。　　ⅹⅸ 再怎么困难也要完成。

④否定と一緒に用いる

a.「不 + 再 + 動詞」☞ もう～しない、二度と～しない

ⅹⅹ 他现在不再是歌手了。　　ⅹⅺ 他走了以后没再来过。

b.「再 + 也不 + 動詞」☞ もう～しない、二度と～しない

　※ａと比べて語気がより強くなる。

ⅹⅻ 他再也不来了。　　ⅹⅹⅲ 再也没听到过他的消息。

⑤「再 + 一 + 量詞」☞ 再び～、もう一つ～、もう一度～

ⅹⅹⅳ 一个是身体，再一个是心理都很重要。　　ⅹⅹⅴ 再一次表示感谢。

長崎の孔子廟（日本）

練習問題

A. 本文を参考にして、ピンインを中国語の簡体字になおしましょう。
  1. Zāogāo le!
  2. Wǒ zǒu le.
  3. Tā tīngbudǒng Hànyǔ.

B. 本文を参考に、下線の部分を入れ替えて読んでみましょう。
  1. 去 _____ 至少得 _____。
     (公司／半个小时　车站／十五分钟　东京／三个小时)
  2. 我怎么能 _____ 啊！（做到　说服他　自己一个人去）
  3. 您不要再给我 _____ 了。（打电话　发邮件　买礼物）

C. 本文を参考にして、以下の単語を並び替え、正しい文章に作文してみましょう。
  1. （日本来的　浦东机场　几点　到　从　客人　今天）
  2. （来不及　吃饭的话　接机了　慢慢　就）
  3. （不断　这种机会　翻译的水平　能够　提高　通过）

D. 次の日本語を中国語に訳してみましょう。
  1. 私は毎日朝8時半に会社に到着します。
     _____
  2. 家から会社までは少なくとも1時間ぐらいかかります。
     _____
  3. お先に失礼します。——今日はよくやったな、お疲れさん。
     _____

豆知識

中国の省・都市名（略称）

中国の各地の新聞などでは、都市名を略称で表現することが少なくない。街中を走る車のカーナンバーにも、各省・都市の略称の一文字が必ずつけられている。

例えば、北京なら「京／燕　××××」、上海なら「沪／申　××××」となる。カーナンバーでは、縁起のよい「8」が高い値で買われるという。「8（bā）」の発音は「发财（fācái）／金持ちになる」に近いことから、とても人気がある。

中国の各省・都市及び地域の名称（発音表記）と略称一覧

省・自治区・直轄市	略称	省・自治区・直轄市	略称
北京（Běijīng）	京／燕	天津（Tiānjīn）	津
河北（Héběi）	冀	山西（Shānxī）	晋
辽宁（Liáoníng）	辽	吉林（Jílín）	吉
内蒙古（Nèiměnggǔ）	蒙	江苏（Jiāngsū）	苏
浙江（Zhèjiāng）	浙	黑龙江（Hēilóngjiāng）	黑
福建（Fújiàn）	闽	安徽（Ānhuī）	皖
上海（Shànghǎi）	沪／申	江西（Jiāngxī）	赣
山东（Shāndōng）	鲁	广东（Guǎngdōng）	粤
河南（Hénán）	豫	湖北（Húběi）	鄂
重庆（Chóngqìng）	渝	湖南（Húnán）	湘
广西（Guǎngxī）	桂	贵州（Guìzhōu）	黔／贵
海南（Hǎinán）	琼	四川（Sìchuān）	蜀／川
云南（Yúnnán）	滇／云	西藏（Xīzàng）	藏
陕西（Shǎnxī）	陕／秦	新疆（Xīnjiāng）	新
甘肃（Gānsū）	甘／陇	青海（Qīnghǎi）	青
宁夏（Níngxià）	宁	香港（Xiānggǎng）	港
澳门（Àomén）	澳	台湾（Táiwān）	台

第12課 在酒店办理入住手续　ホテルのチェックイン手続き
Zài jiǔdiàn bànlǐ rùzhù shǒuxù

課文　12・32

田　中：诸位，这就是大家今天即将入住的酒店。
Zhūwèi, zhè jiùshì dàjiā jīntiān jíjiāng rùzhù de jiǔdiàn.

位于市中心，又是闹市区，离车站也很近，
Wèiyú shì zhōngxīn, yòu shì nàoshìqū, lí chēzhàn yě hěn jìn,

买东西什么的也都很方便。
mǎi dōngxi shénme de yě dōu hěn fāngbiàn.

那，晚饭之前先办好入住手续，
Nà, wǎnfàn zhī qián xiān bànhǎo rùzhù shǒuxù,

在房间里稍微休息一下吧。
zài fángjiānli shāowēi xiūxi yíxià ba.

服务员：请先填一下住宿登记表，请出示一下护照。
Qǐng xiān tián yíxià zhùsù dēngjìbiǎo, qǐng chūshì yíxià hùzhào.

是三位，预住两天，对吧？
Shì sān wèi, yù zhù liǎng tiān, duì ba?

好了，请您收好护照和房卡，
Hǎo le, qǐng nín shōuhǎo hùzhào hé fángkǎ,

101

行李员会把行李送到房间里去的。
xíngliyuán huì bǎ xíngli sòngdào fángjiānli qù de.

田　中：如果换钱的话，在酒店的服务台就可以换。
Rúguǒ huànqián de huà, zài jiǔdiàn de fúwùtái jiù kěyǐ huàn.

另外在中国，接受酒店里的各种服务时，
Lìngwài zài Zhōngguó, jiēshòu jiǔdiànli de gèzhǒng fúwù shí,

一般不用付小费。
yìbān búyòng fù xiǎofèi.

国际电话的打法客房内有日语和英语的说明。
Guójì diànhuà de dǎfǎ kèfáng nèi yǒu Rìyǔ hé Yīngyǔ de shuōmíng.

公司要人：象这种五星级的酒店，除了英语以外好像
Xiàng zhè zhǒng wǔ xīngjí de jiǔdiàn, chúle Yīngyǔ yǐwài hǎoxiàng

日语也通用。中国的酒店也越来越方便了啊。
Rìyǔ yě tōngyòng. Zhōngguó de jiǔdiàn yě yuè lái yuè fāngbiàn le a.

服务员：让诸位久等了。这是房卡，请收好。
Ràng zhūwèi jiǔděng le. Zhè shì fángkǎ, qǐng shōuhǎo.

田　中：大家的房间号码是1505、1506、1507。
Dàjiā de fángjiān hàomǎ shì yāo wǔ líng wǔ, yāo wǔ líng liù, yāo wǔ líng qī.

都在十五楼。
Dōu zài shíwǔ lóu.

【日本語訳】

田　中　：　みなさん、こちらが今日ご宿泊のホテルです。市内に位置し、繁華街や地下鉄の駅にも近く、お買物などにもとても便利です。では、夕食の時間までに、まずチェックインを済ませ、お部屋で少しお休みになって下さい。

服務員　：　宿泊者シートを記入しますので、パスポートをご提示下さい。今回は3名様、2泊のお泊りですね。では、パスポートと（カード式の）ルームキーをお受け取り下さい。
（スタッフ）
　　　　　　お荷物はポーターがご宿泊のお部屋までお運び致します。

田　中　：　両替をされる場合は、ホテルのカウンターでも両替が可能です。
　　　　　　それから、中国では、ホテルの各種サービスを受けた場合、一般にチップは不要です。
　　　　　　国際電話のかけ方については、お部屋に日本語と英語の説明があります。

ＶＩＰ　：　このような5つ星のホテルだと、英語以外にも日本語が通じるようだね。
　　　　　　中国のホテルもますます便利になってきたねぇ。

服務員　：　みなさま、お待たせしました。こちらが、ルームキーです。
（スタッフ）
　　　　　　お受け取り下さい。

田　中　：　みなさんのお部屋番号は、1505、1506、1507号室です。
　　　　　　すべて15階になります。

新出単語／重要語句

中文	日本語	英 English
诸位 zhūwèi	みなさん、各位	ladies and gentleman
大家 dàjiā	みなさん	everybody
即将 jíjiāng	間もなく〜しようとしている	soon; immediately
入住 rùzhù	宿泊する	to stay
位于 wèiyú	〜に位置する	to be located in
中心 zhōngxīn	（市内の）中心、中心部	center
闹市区 nàoshìqū	繁華街	lively area of town
车站 chēzhàn	駅	station
房间 fángjiān	部屋	room
休息 xiūxi	休む、休息する	to take a rest
填 tián	埋める、記入する	to write; fill in
住宿登记表 zhùsù dēngjìbiǎo	宿泊シート	registration at check in
出示 chūshì	呈示する	to show; present
护照 hùzhào	パスポート	passport
房卡 fángkǎ	（カードタイプの）ルームキー	room key
行李员 xíngliyuán	ポーター	porter
行李 xíngli	荷物	baggage
换钱 huànqián	両替する	to change money
服务台 fúwùtái	フロント	reception desk
换 huàn	替える、換える	to exchange; change
另外 lìngwài	別の、ほかの／そのほか、それに	besides
接受 jiēshòu	引き受ける、受け入れる	to accept; undertake
付 fù	支払う	to pay
小费 xiǎofèi	チップ	tip
国际 guójì	国際的な	international
打法 dǎfǎ	（電話の）かけ方	dialing procedure
客房 kèfáng	客室	guest room
日语 Rìyǔ	日本語	Japanese
英语 Yīngyǔ	英語	English
象（像）xiàng	〜のようだ、〜に似ている	to resemble; be similar to
五星级 wǔ xīngjí	五つ星、ファイブスター（最上級）	five-star
好像 hǎoxiàng	まるで〜のようだ	to seem as if
通用 tōngyòng	あまねく用いられる、通用する	widely used
越来越… yuè lái yuè	ますます〜	more and more
收 shōu	受領する、収める	to receive
楼 lóu	フロア、（建物の）階	floor

文法解説

1．这就是大家今天即<u>将</u>入住的酒店。

副詞「将」の用い方

　①動作や情況がまもなく起ころうとしていることを表す。

　　　☞間もなく～しようとしている、間もなく～だろう

　ⅰ 比赛将于下午开始。　　　　　ⅱ 我们将尽全力帮助你。

　②ある時間に近づくことを表す。☞～近くになる、～近く

　ⅲ 时间已将半夜。　　　　　　　ⅳ 我们有将十年没见面了。

　③将来の情況に対する判断を表す。（確実にそうなるという意味が含まれている）

　　　☞（必ずや）～となるであろう

　ⅴ 如不刻苦努力，就将一事无成。　ⅵ 新的一年将更加美好。

2．它位<u>于</u>市中心。

介詞（前置詞）連合補語（結果補語ともいう）としての「于」

　①動詞の後ろについて、地点、時点、範囲を表す。☞～に、～にて

　ⅰ 此作品写于 90 年代后期。　　ⅱ 中国古代文化发源于黄河的上游。

　ⅲ 此校规只限于男同学。

　②形容詞の後ろについて、比較する対象を表す。☞～より

　ⅳ 今年的增长率高于往年。　　　ⅴ 这家银行的利息低于那家银行。

3．……又是闹市区，<u>离</u>车站也很近。

前置詞「离」：空間的・時間的隔たり、距離を表す。☞～から、～まで

　ⅰ 我家离公司很远。　　　　　　ⅱ 离圣诞节还有一个星期左右。

　　※（比較）「从」は、動作・行為の起点や経由点を表す

　ⅲ 要去图书馆，从这儿一直往前走。ⅳ 从明天开始我要好好学习。

4．除了英语以外<u>好像</u>日语也通用。

「好像」

　①「副詞」として用いられる。☞まるで～のようだ

　（「好像……似的／一样」と、後ろに「似的」「一样」を伴うこともある）

　ⅰ 她长得很漂亮，好像电影演员一样。

105

ⅱ 她好像孩子似的高兴。
② 「助動詞」として用いられる。☞～みたいだ、～のような気がする
　　ⅲ 这件事我好像在哪儿听说过。　　　ⅳ 她好像还不知道。

5. 中国的酒店也**越来越**方便了啊。
「越来越 + 形容詞」：程度が時間の推移とともに高まることを表す。☞ますます～
　　ⅰ 天气越来越热了。　　　　　　ⅱ 生活越来越好。

練習問題

A. 本文を参考にして、ピンインを中国語の簡体字になおしましょう。

1. Qǐng nín shāowēi xiūxi yíxià ba.
2. Nǐ búyòng fù xiǎofèi.
3. Qǐng nín tián yíxià zhè zhāng shēnqǐngbiǎo.

B. 本文を参考に、下線の部分を入れ替えて読んでみましょう。

1. 工厂位于 _____，离 _____ 很近。
   （市中心 / 酒店　郊区 / 机场）
2. _____ 把 _____ 送到 _____ 去。
   （我 / 朋友 / 车站　我们 / 产品 / 厂里）
3. _____ 也越来越 _____。
   （汉语水平 / 高　生意 / 兴旺　天气 / 冷）

C. 本文を参考にして、以下の単語を並び替え、正しい文章に作文してみましょう。

1. （在　房间里　办好　入住手续　稍微　休息一下　先　吧）
2. （服务台　就　可以　换　在　酒店的）
3. （好像　日语也　英语以外　通用　除了）

D. 次の日本語を中国語に訳してみましょう。

1. 私の家は駅から遠いです。
   _____

2. あなたの部屋番号を教えて下さい。
   _____

3. 換金をするなら、空港の銀行で両替できます。
   _____

豆知識

世界中に広がる華人ネットワーク
——海外のチャイナタウン

「海水のあるところ、みな華人あり（凡是有水的地方，就有華僑）」といわれるように、中国人は世界各地に居住し、チャイナタウンがあちこちに形成され、中国以外の世界の国々に散在する中国人（华侨 huáqiáo・华人 huárén）の数は、約3,000万人に上るという。

華僑の移住先は東南アジアと北米に多く、「血縁」「地縁」「業縁」を生かした彼らのビジネスにおける活躍は中国と世界を結ぶ巧みなネットワークによってグローバルな展開をみせている。

なお、東南アジア地域は福建省からの移民が多く、北米地域は広東省や香港からの移民が多い。さらに近年では中国から移民する中国人は各地、全土に広がってきている。中国以外の海外のチャイナタウンでも中国語（方言を含む）が話されている。

世界に移り住んだ中国系、台湾系の人たち

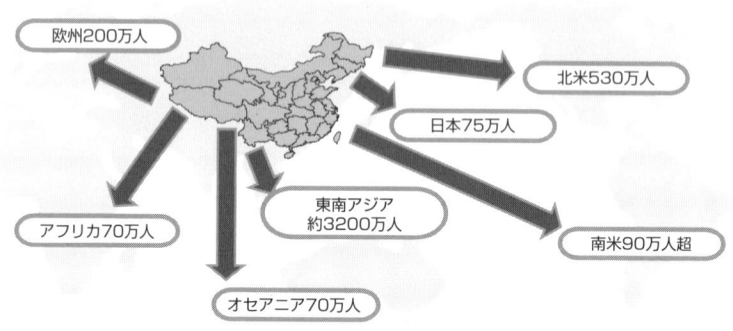

- 欧州200万人
- 北米530万人
- 日本75万人
- アフリカ70万人
- 東南アジア 約3200万人
- 南米90万人超
- オセアニア70万人

（出典）中文導報 2009年2月（荘国土・アモイ南洋研究院長の研究から）

バンコク（タイ）のチャイナタウン　　カナダのチャイナタウン　　韓国釜山のチャイナタウン

第13课 参观工厂
Cānguān gōngchǎng

工場見学

课文 13·33

田　中：这是与敝公司有业务合作关系的上海最大的
Zhè shì yǔ bìgōngsī yǒu yèwù hézuò guānxi de Shànghǎi zuì dà de

食品厂家"上海食品"。
shípǐn chǎngjiā "Shànghǎi shípǐn".

上海食品：欢迎诸位远道而来参观我们工厂。
Huānyíng zhūwèi yuǎn dào ér lái cānguān wǒmen gōngchǎng.

今天将请各位参观敝公司与和睦福多食品
Jīntiān jiāng qǐng gèwèi cānguān bìgōngsī yǔ Hémù fúduō shípǐn

签约的委托加工的生产线。
qiānyuē de wěituō jiāgōng de shēngchǎnxiàn.

此生产线是根据日本的生产厂家的规格要求，
Cǐ shēngchǎnxiàn shì gēnjù Rìběn de shēngchǎn chǎngjiā de guīgé yāoqiú,

使用中国国内组织的原材料进行生产的。
shǐyòng Zhōngguó guónèi zǔzhī de yuáncáiliào jìnxíng shēngchǎn de.

因此产品价格便宜，不仅得到生活在中国的
Yīncǐ chǎnpǐn jiàgé piányi, bùjǐn dédào shēnghuó zài Zhōngguó de

日本消费者的青睐，还受到中国广大消费者的欢迎。
Rìběn xiāofèizhě de qīnglài, hái shòudào Zhōngguó guǎngdà xiāofèizhě de huānyíng.

公司要人：工厂规模不小啊！员工都是本地人吗？
Gōngchǎng guīmó bù xiǎo a! Yuángōng dōu shì běndìrén ma?

上海食品：约百分之八十是本地人，其余是从外地来沪
Yuē bǎi fēn zhī bāshí shì běndìrén, qíyú shì cóng wàidì lái Hù

打工人员。
dǎgōng rényuán.

公司要人：一天工作几个小时？
Yìtiān gōngzuò jǐ ge xiǎoshí?

上海食品：八个小时。不过，交货期紧张的时候，
Bā ge xiǎoshí. Búguò, jiāohuòqī jǐnzhāng de shíhou,

加班就会多一些。
jiābān jiù huì duō yìxiē.

公司要人：大家愿意加班吗？
Dàjiā yuànyì jiābān ma?

上海食品：都比较愿意加班，因为可以多拿加班费。
Dōu bǐjiào yuànyì jiābān, yīnwèi kěyǐ duō ná jiābānfèi.

而且比正常工作时的小时工资要高。
Érqiě bǐ zhèngcháng gōngzuò shí de xiǎoshí gōngzī yào gāo.

公司要人：一个月的销售额是多少？
Yí ge yuè de xiāoshòu'é shì duōshao?

还与其他公司有合作关系吗？……。
Hái yǔ qítā gōngsī yǒu hézuò guānxi ma? …….

上海食品：诸位好像还有许多事要问，
Zhūwèi hǎoxiàng hái yǒu xǔduō shì yào wèn,

这样吧，我们换个安静的地方再谈吧。
zhèyàng ba, wǒmen huàn ge ānjìng de dìfang zài tán ba.

【日本語訳】

田　　中： ここは、弊社が業務提携している上海最大の食品メーカー「上海食品」さんです。

上海食品： 遠路はるばるようこそ弊社の工場見学にお越しくださいました。今日は、弊社がホームフードさんと契約している委託加工の生産ラインをご見学頂きます。

　　　　　こちらの生産ラインでは、日本の製造会社の仕様に基づいて、中国で調達できる原材料を用いて製造しています。

　　　　　ゆえに、商品価格が安くなり、中国国内で生活している日本の消費者のみならず、広範な中国の方々からも好評を得ています。

ＶＩＰ： こちらは、かなり大きな工場ですね。従業員は、みな地元の人ですか？

上海食品： 約8割ぐらいは地元の人ですが、その他は、よその地域から上海に出稼ぎに来ています。

ＶＩＰ： 1日何時間労働ですか？

上海食品： 8時間です。しかし、納期が迫っている時は、残業も少し多くなります。

ＶＩＰ： みんな残業をしたがりますか？

上海食品： ええ、残業をしたがりますよ。残業代を多くもらえて、なおかつ、残業代は通常の時給より割がいいですから。

ＶＩＰ： 1ヶ月の売上高はいくらですか？　他の会社と業務提携をされていますか？

上海食品： みなさんのご質問は尽きないようですので、では、静かな所に場所を変えてお話しましょう。

新出単語／重要語句

合作 hézuò	協力する、提携する	英 to cooperate with
关系 guānxi	関係	英 relationship
厂家 chǎngjiā	メーカー	英 manufacturer
远道而来 yuǎn dào ér lái	はるばるやってくる	英 from a long distance
工厂 gōngchǎng	工場、作業場	英 factory; work place
参观 cānguān	見学する、参観する	英 to visit; tour
委托 wěituō	委託する	英 to entrust; trust
加工 jiāgōng	加工する	英 to process
生产线 shēngchǎnxiàn	生産ライン	英 production line
根据 gēnjù	～によれば、～に基づいて	英 according to
规格 guīgé	仕様、規格	英 standard; specification
要求 yāoqiú	要求、リクエスト、ニーズ	英 to request
使用 shǐyòng	使用する	英 to use
国内 guónèi	国内	英 domestic
组织 zǔzhī	調達する、使う	英 organize; set up
原材料 yuáncáiliào	原材料	英 raw materials
进行 jìnxíng	行う	英 to execute
价格 jiàgé	価格	英 price
得到 dédào	得る、取得する	英 to get; obtain
生活 shēnghuó	生活する／生活	英 to live; life
青睐 qīnglài	愛顧、好意	英 grace; custom
广大 guǎngdà	広範な、幅広い	英 broad; wide-range
规模 guīmó	規模	英 scale; size
员工 yuángōng	スタッフ 従業員	英 staff
本地人 běndìrén	地元の人	英 local staff
其余 qíyú	残りの、あとの	英 the rest of
外地 wàidì	よその土地、地方	英 some other place
沪 Hù	滬：上海の別称・略称	英 Shanghai
打工 dǎgōng	アルバイト	英 to work for money
交货期 jiāohuòqī	納期	英 the scheduled date of delivery
加班 jiābān	残業	英 overtime work
愿意 yuànyì	願う、希望する	英 to be willing
比较 bǐjiào	比較的に、わりに／比較する	英 relatively; to compare to
正常 zhèngcháng	正常である、普通である	英 normally
安静 ānjìng	静かである	英 quiet

文法解説

1. 欢迎诸位远道**而**来参观我们工厂。

接続詞「而」
 ①順接関係を表す。☞～しかも……、～そして……、～かつ……
  i 这个职位不是什么人都可以取而代之的。
  ii 他对工作严肃而认真。
 ②逆接関係を表す。☞～けれども……、～しかし……、～が……
  iii 这篇文章华而不实。
  iv 我们不能只看到树木而看不到山。
 ③因果関係を表す。☞～ために……、～ので……
  v 经济条件不太好而不能去海外留学。
  vi 他因喜欢中国文学而努力学习汉语。

2. 此生产线是**根据**日本的生产厂家的规格要求，……

前置詞「根据」☞～によって……、～により、～に基づいて
 i 根据大家的意见进行改进。
 ii 根据气象台的天气预报今天有雨。

3. **不仅**得到生活在中国的日本消费者的青睐，……

接続詞「不仅」：後文にはしばしば「而且／还」を伴い、いくつかのパターンがある。
 ①**不仅～，而且……** ②**不仅～，还……** ③**不仅～，而且还……**
 ☞～ばかりでなく、～ばかりか……さらに（も）、～ばかりか……さえ
  i 她不仅很漂亮而且很聪明。
  ii 我们不仅见了面还一起吃了饭呢。
  iii 这次旅行不仅去了北京，而且还去了上海。

4. **不过**，交货期紧张的时候，加班就会多一些。

接続詞「不过」：前に述べた事柄を部分的に修正したり、別の観点を提起する時に用いる。多く話し言葉に用いる。☞ただし～、ただ～、～でも……
 i 他英语不错，不过发音不太准确。
 ii 别的事也重要，不过你要先把这件事办好。

5. 而且**比**正常工作时的小时工资要高。

比較を表す「比」

　　二つの事柄を比較するとき、「比」を用いて、比較の基準を表す。
　　（比較差の分量を表す数量表現を形容詞・動詞の後ろに置く）

① $\boxed{A}$ ＋ $\boxed{比}$ ＋ $\boxed{B}$ ＋ $\boxed{形容詞}$　　☞ AはBより〜である
ⅰ 我　　　比　　　你　　　高。
ⅱ 哥哥　　比　　　弟弟　　大三岁。

② $\boxed{A}$ ＋ $\boxed{比}$ ＋ $\boxed{B}$ ＋ $\boxed{動詞句}$　　☞ AはBより〜する、〜した
ⅲ 我　　　比　　　他　　　多看了一部电影。
ⅳ 他　　　比　　　我　　　爱学习。

練習問題

A. 本文を参考にして、ピンインを中国語の簡体字になおしましょう。
 1. Wǒmen qiānyuē wěituō jiāgōng de shēngchǎnxiàn.
 2. Bǎi fēn zhī wǔshí shì Zhōngguórén.
 3. Nǐ yuànyì jiābān ma?

B. 本文を参考に、下線の部分を入れ替えて読んでみましょう。
 1. 他不仅 _____，还 _____。
  （会说英语／会说汉语　聪明／很努力）
 2. _____ 几个小时？（每周工作　路上需要）
 3. 一个月的 _____ 是多少？（电话费　交通费）

C. 本文を参考にして、以下の単語を並び替え、正しい文章に作文してみましょう。
 1.（我们工厂　而来　参观　诸位　远道　欢迎）
 2.（欢迎　受到　还　我们　消费者的）
 3.（要问　还有　诸位　许多事　好像）

D. 次の日本語を中国語に訳してみましょう。
 1. 中国の製品は日本の製品より安い。

 2. ようこそ弊社の工場見学にいらっしゃいました。

 3. 外国企業と提携関係がありますか。

豆知識 中国企業の海外進出

　中国は近年、経済、政治などあらゆる点において世界におけるプレゼンスが大きくなり、「大国」と「強国」の両面を兼ね備えた国になってきている。
　中国企業は経済の成長エンジンといえよう。

【中国企業の海外進出目的】主に、以下の3つの目的に分かれる。
①市場獲得（中国国内市場の飽和と過剰競争に迫られた企業は、利益確保のため）
②資源獲得（石油などエネルギー資源、銅や鉄など鉱物資源の需要増のため）
③技術獲得（より付加価値が高く国際競争力のある製品・商品を製造、販売するため）

【中国企業の海外進出の時期】大きく以下の3つの時期に分かれる。
①第一次海外投資の時期（1992年～2000年）
　※主に国有企業を中心とする進出の時期。
②第二次海外投資の時期（2001年～2004年）
　※民間企業主導での市場型進出の時期。
③第三次海外投資の時期（2005年～現在）
　※資源と技術を求めた進出の時期。

中国企業による海外M&A（「走出去」戦略の一例）

中国企業	外国企業	実施時期	内容	買収金額
上海電気	アキヤマ印刷製造	2003年1月	買収に成功	20億円超
聯想（レノボ）	IBM（米）	2004年末	パソコン部門を買収に成功	6.5億ドルの現金と6億ドルの株
中国石油天然気集団（CNPC）中国海洋石油総公司（CNOOCグループ）	レプソルYPF	―	石油・天然ガスの南米事業買収	226億ドル
中国石油化工集団（シノペックグループ）	アダックス石油（アフリカなどに権益保有）	―	石油・天然ガス買収	82.7億カナダドル
華為技術（Huawei）	日本進出 日本支社設立	2005年	東京に華為技術日本株式会社を設立	―
中国石油化工集団（シノペックグループ）	アダックス石油（スイス）	2009年	イラク・西アフリカの石油権益を買収	約76億ドル
中国石油化工集団（シノペックグループ）	レプソルYPF	2010年	ブラジル部門の株式40%を買収	約71.9億ドル
BYD（比亜迪自動車）	オギハラ（日本の金型企業）	2010年	自動車の工場買収	―
山東如意科技集団	レナウン	2010年	業務提携 中国市場販路拡大	約40億円
中国石油化工集団（シノペックグループ）	デイライト・エナジー（カナダ）	2011年	油田ガスの買収	約22億カナダドル
ハイアール（海尓）	三洋電機の後はパナソニックが継承	2011年	日本で「AQUA」として商品展開	―
中国化工集団	ピレリ（イタリア）	2015年	タイヤメーカー買収	約71億ドル
テンセント（腾讯）	スーパーセル（フィンランド）	2016年	ゲーム開発企業買収	―
ハイアール（海尓）	GE（アメリカ）	2016年	家電部門買収	―
海航集団	イングラム・マイクロ（アメリカ）	2016年	IT流通大手の買収	約50億ドル超
美的集団	東芝（日本）	2016年	東芝の白物家電部門を買収	―
美的集団	クーカ（ドイツ）	2017年	産業ロボット買収	―
中国化工集団	シンジェンタ（スイス）	2017年	農業科学分野買収	約443億ドル

※中国企業のM&A案件は、資源権益関係から、先進国向けの製造、サービス、IT分野へとシフト中。
（出典）新聞記事、サイト等の情報より作成

第14课 洽谈业务
qiàtán yèwù

课文 14·34

田　　中：我是和睦福多食品公司的田中幸平。
Wǒ shì Hémù fúduō shípǐn gōngsī de Tiánzhōng Xìngpíng.

今天登门拜访是想介绍一下敝公司的产品。
Jīntiān dēngmén bàifǎng shì xiǎng jièshào yíxià bìgōngsī de chǎnpǐn.

超市店员：对不起，我们从来都是从批发商处进货，
Duìbuqǐ, wǒmen cónglái dōu shì cóng pīfāshāng chù jìnhuò,

一般不直接跟生产厂家打交道。
yìbān bù zhíjiē gēn shēngchǎn chǎngjiā dǎ jiāodao.

田　　中：是吗？不过，不经批发商直接从生产厂家
Shì ma? Búguò, bùjīng pīfāshāng zhíjiē cóng shēngchǎn chǎngjiā

进货的话，既可减少中间手续费，又可降低成本，
jìnhuò de huà, jì kě jiǎnshǎo zhōngjiān shǒuxùfèi, yòu kě jiàngdī chéngběn,

这可是对我们双方都有益的事啊，请考虑一下吧。
zhè kě shì duì wǒmen shuāngfāng dōu yǒuyì de shì a, qǐng kǎolǜ yíxià ba.

商　談

超市店员：那，就请介绍一下你们的产品吧。
　　　　　Nà, jiù qǐng jièshào yíxià nǐmen de chǎnpǐn ba.

田　　中：我们是生产厂家，不过我们正在考虑今后
　　　　　Wǒmen shì shēngchǎn chǎngjiā, búguò wǒmen zhèngzài kǎolǜ jīnhòu

　　　　　开拓自己独自的销售渠道。我们准备将日本
　　　　　kāituò zìjǐ dúzì de xiāoshòu qúdào. Wǒmen zhǔnbèi jiāng Rìběn

　　　　　享有盛誉的各种产品销售到中国来。
　　　　　xiǎngyǒu shèngyù de gèzhǒng chǎnpǐn xiāoshòu dào Zhōngguó lái.

　　　　　同时我们还计划开发适合中国消费者口味的产品。
　　　　　Tóngshí wǒmen hái jìhuà kāifā shìhé Zhōngguó xiāofèizhě kǒuwèi de chǎnpǐn.

　　　　　我们的产品已得到众多消费者的好评。请看……。
　　　　　Wǒmen de chǎnpǐn yǐ dédào zhòngduō xiāofèizhě de hǎopíng. Qǐng kàn…….

超市店员：好，待跟上司汇报以后，再跟您联系吧。
　　　　　Hǎo, dài gēn shàngsi huìbào yǐhòu, zài gēn nín liánxì ba.

　　　　　方便的话，能不能先把报价单传给我一份？
　　　　　Fāngbiàn de huà, néng bùnéng xiān bǎ bàojiàdān chuán gěi wǒ yífèn?

田　　中：好，回去后马上就传给您，希望我们能
　　　　　Hǎo, huíqù hòu mǎshang jiù chuán gěi nín, xīwàng wǒmen néng

　　　　　合作成功。谢谢！
　　　　　hézuò chénggōng. Xièxie!

第14課

【日本語訳】

田　　中： 「ホームフード」との田中幸平と申します。今日は弊社の製品のご紹介にあがりました。

スーパー店員： ごめんなさい。従来、うちは卸売業者さんから商品を仕入れているので、通常、直接メーカーさんとは取引していないのですよ。

田　　中： そうなんですか？ でも、仲介業者を経由せず、製造メーカーから直接商品を仕入れれば、中間マージンの負担が少なくなり、コストが軽減されます。これは、(売り手買い手の) 双方にとって、よいことです。是非ともご検討頂ければ幸いです。

スーパー店員： では、どんな製品を製造されているのかご紹介頂けますか。

田　　中： 我々は製造メーカーなのですが、今後は自社で販売ルートも開拓し、日本でも信頼のあるお菓子の数々を中国でも販売したいと考えています。また、中国の消費者の口に合う商品を開発する予定です。今や大勢の消費者に「美味しい」と、喜んでもらっていますよ。どうぞご覧下さい。

スーパー店員： わかりました。上司に報告して、またご連絡します。
　　　　　　　もしよろしければ、先にFAXで見積書を一部頂けませんか？

田　　中： かしこまりました。会社に戻りましたらすぐFAX差し上げます。
　　　　　お互い良いビジネスができるといいですね。ありがとうございました！

洽谈业务 ● 商　談

新出単語／重要語句

登门 dēngmén	訪問する	英 to visit
想 xiǎng	～したい	英 to want to
从来 cónglái	今まで、かつて	英 before; so far
批发 pīfā	卸売り	英 wholesale
不经 bùjīng	～を経ず	英 without going through
减少 jiǎnshǎo	減少する	英 to decrease; reduce
中间 zhōngjiān	中間	英 middle
成本 chéngběn	コスト	英 cost
有益 yǒuyì	有益である	英 useful; beneficial; profitable
考虑 kǎolǜ	考慮する、考える	英 to consider
正在 zhèngzài	ちょうど～している	英 just
开拓 kāituò	開拓する	英 pioneer
独自 dúzì	独自に、単独で	英 alone; by oneself
盛誉 shèngyù	信望、誉れ	英 honor; reputation
众多 zhòngduō	非常に多い	英 very many
好评 hǎopíng	好評	英 favorable review; good reputation
待 dài	待つ、～してから	英 to wait (for something to be done)
报价单 bàojiàdān	見積書	英 estimate sheet
传 chuán	FAXする、送信する	英 fax
份 fèn	～部、～セット	英 (counter) sheets of ~
希望 xīwàng	希望する、望む	英 to hope
成功 chénggōng	成功／成功する	英 success; to succeed

第14課

121

文法解説

1. 我们准备将日本享有盛誉的各种产品销售到中国来。

「准备 + 動詞文」 ☞ 〜する予定だ、〜する用意がある、〜するつもりだ

 ⅰ 春节我准备回老家过。 ⅱ 你不准备找工作了吗？

2. 我们准备将日本享有盛誉的各种产品销售到中国来。

「将」について

  ※第12課【文法解説1】参照

前置詞「将」=「把」 ☞ 〜を (「将」は文章語に多く用いられる)

 処置文において、目的語を動詞の前に出す働きがある。

|主語| + |(能願動詞) 将| + |目的語| + |動詞句| (+ |補語・語気助詞|) など

 ⅰ 我们 要 将 工作 做   好。
 ⅱ 你   将 情况 给大家介绍一下吧。

3. 能不能先把报价单传给我一份？

「给」の使い方

 ①【動詞】「给 + 相手・対象 + 目的語」 ☞（人にものを）与える、やる、くれる

 ⅰ 给她礼物。   ⅱ 他不给我电话号码。

 ②【動詞】「给 + 人 + 目的語」 ☞（人に打撃・被害を）与える、食らわせる

 ⅲ 他给我一个耳光。   ⅳ 他给我们个下马威。

 ③【前置詞】（使役・命令を表す）「给 + 人 + 動詞文」

 ☞〜せる・させる、〜しなさい

 ⅴ 把这本书给我看一下。 ⅵ 你给我站住！

 ④【前置詞】「给+相手+動詞文」 ☞〜に対して、〜に向って

  ※第4課【文法解説7】参照

 ⅶ 我给他写信。   ⅷ 他给我们唱了首歌。

 ⑤【前置詞】（受身を表す） ☞〜される、〜れる・られる

 ⅸ 我的钱包给人偷走了。 ⅹ 衣服都给雨浇湿了。

 ⑥【動詞 + 给 + 相手・対象】 ☞〜に、〜から

 ⅺ 这是妈妈寄给我的礼物。 ⅻ 那是谁写给你的信？

練習問題

A. 本文を参考にして、ピンインを中国語の簡体字になおしましょう。
1. Wǒ yào gēn tāmen gōngsī dǎ jiāodao.
2. Zhè shì shìhé Zhōngguó xiāofèizhě kǒuwèi de chǎnpǐn.
3. Xīwàng wǒmen néng hézuò chénggōng.

B. 本文を参考に、下線の部分を入れ替えて読んでみましょう。
1. 请你 _____ 一下吧。（介绍　试穿　先坐）
2. 我们得到 _____。（观众的好评　顾客的欢迎　大家的支持）
3. 能不能把 _____？（订单发给我两份　电话号码告诉我一下）

C. 本文を参考にして、以下の単語を並び替え、正しい文章に作文してみましょう。
1. （又可　成本　既可　我们　减少　中间手续费　降低）
2. （销售到　中国来　准备　将　我们　日本的产品）
3. （传给　您　马上　就　回去后）

D. 次の日本語を中国語に訳してみましょう。
1. 貴社の製品の紹介をちょっとして下さい。

2. このサービスは手数料が不要で、値段も安い。

3. 上司に報告してから、貴社に連絡します。

豆知識

買い物での値切り交渉

　中国での買い物は、一流の高級品ショップ、外資系百貨店、スーパーを除く地元系の露天商や屋台では、値切らないと損である。店員の積極的な呼び込みも凄まじい。

　値段はあっても無いようなもの。まずは、「高い！／太贵了！(Tài guì le!)」「安くして！／便宜点儿吧。(Piányi diǎnr ba.)」と、試しに値切ってみよう。

　初めの言い値「开价（kāijià）」は高い金額を言って来るだろう。客もまずは半分ぐらいに値切り、そこから交渉によって次第に値段が上がっていくが、2〜3割ぐらいは値切れることが多い。露店商などでは、結果的に納得できない値段の場合は、その場から立ち去る様子を見せると、意外と安くしてくれる。庶民的な市場などでは、広東語、上海語など、その土地の方言で話すことが好まれる。

数字の数え方

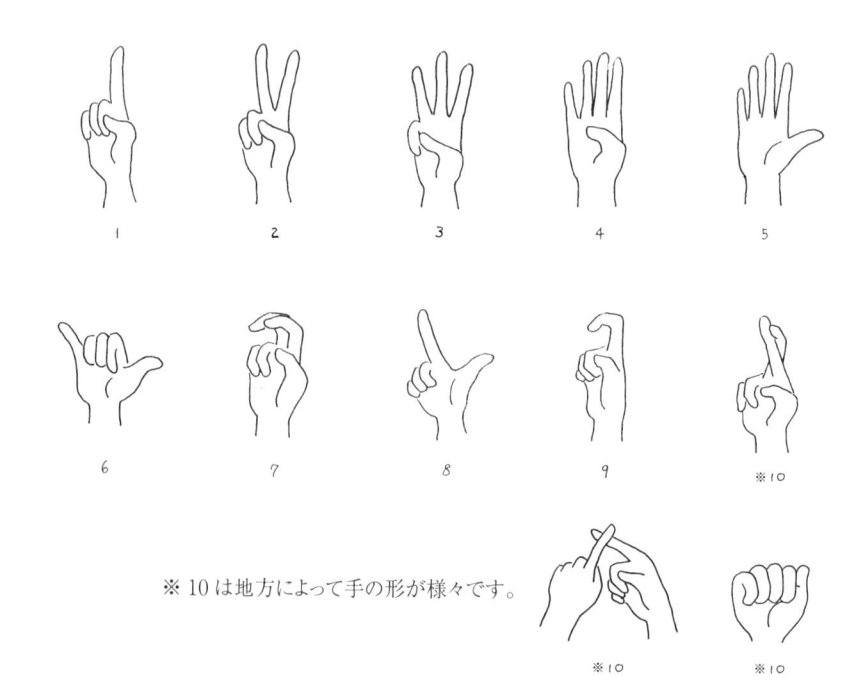

※10は地方によって手の形が様々です。

洽谈业务 ● 商　談

計算・数式の読み方

①	1＋1＝2	一加一等于二	(yī jiā yī děngyú èr)
②	2－1＝1	二减一等于一	(èr jiǎn yī děngyú yī)
③	3－6＝－3	三减六等于负三	(sān jiǎn liù děngyú fù sān)
④	2×4＝8	二乘以四等于八	(èr chéng yǐ sì děngyú bā)
⑤	9÷3＝3	九除以三等于三	(jiǔ chú yǐ sān děngyú sān)
⑥	5.18	五点一八	(wǔ diǎn yī bā)
⑦	0.67	零点六七	(líng diǎn liù qī)
⑧	85%	百分之八十五	(bǎi fēn zhī bāshiwǔ)
⑨	A＞B	A大于B	(A dà yú B)
⑩	A＜B	A小于B	(A xiǎo yú B)

第14課

乘法口诀（chéngfǎ kǒujué）
中国語の九九　一覧表

一一得一								
一二得二	二二得四							
一三得三	二三得六	三三得九						
一四得四	二四得八	三四十二	四四十六					
一五得五	二五一十	三五十五	四五二十	五五二十五				
一六得六	二六十二	三六十八	四六二十四	五六三十	六六三十六			
一七得七	二七十四	三七二十一	四七二十八	五七三十五	六七四十二	七七四十九		
一八得八	二八十六	三八二十四	四八三十二	五八四十	六八四十八	七八五十六	八八六十四	
一九得九	二九十八	三九二十七	四九三十六	五九四十五	六九五十四	七九六十三	八九七十二	九九八十一
一の段	二の段	三の段	四の段	五の段	六の段	七の段	八の段	九の段

第15课 处理投诉
Chǔlǐ tóusù

课文 15・35

田　中：喂，我是和睦福多上海的田中，
Wéi, wǒ shì Hémù fúduō Shànghǎi de Tiánzhōng,

销售部的黄主管在吗？
xiāoshòubù de Huáng zhǔguǎn zài ma?

销售部　黄：是我，您是……？
Shì wǒ, nín shì……?

田　中：是这样的，我们在检查从贵公司进货的
Shì zhèyàng de, Wǒmen zài jiǎnchá cóng guìgōngsī jìnhuò de

商品时，发现有一部分不合格品。
shāngpǐn shí, fāxiàn yǒu yí bùfen bù hégé pǐn.

您也知道日本的客户对质量的要求是挺严的，
Nín yě zhīdao Rìběn de kèhù duì zhìliàng de yāoqiú shì tǐng yán de,

所以这部分货无法出口，你看……？
suǒyǐ zhè bùfen huò wúfǎ chūkǒu, nǐ kàn……?

销售部　黄：是吗？十分抱歉，不过目前在中国国内组织的
Shì ma? Shífēn bàoqiàn, búguò mùqián zài Zhōngguó guónèi zǔzhī de

クレーム対応

原材料已无库存，无法立即投入生产啊，
yuáncáiliào yǐ wú kùcún, wú fǎ lìjí tóurù shēngchǎn a,

您看怎么办好？
nín kàn zěnme bàn hǎo?

田 中：可是，合同书的交货期是本月底啊，
Kěshì, hétongshū de jiāohuòqī shì běnyuèdǐ a,

您可得讲信用呀。
nín kě děi jiǎng xìnyòng ya.

销售部 黄：是啊，那，您看我们该如何补救为好呢？
Shì a, nà, nín kàn wǒmen gāi rúhé bǔjiù wéi hǎo ne?

田 中：有没有其他可以代替这批产品的替代品呢？
Yǒuméiyǒu qítā kěyǐ dàitì zhè pī chǎnpǐn de tìdàipǐn ne?

销售部 黄：如果这样的话，问题倒不大。
Rúguǒ zhèyàng de huà, wèntí dào búdà.

我可以马上安排，保证按合同，如期向贵公司交货。
Wǒ kěyǐ mǎshang ānpái, bǎozhèng àn hétong, rú qī xiàng guì gōngsī jiāohuò.

田 中：那，可太好了！
Nà, kě tài hǎo le!

我马上向上级汇报一下，看看能否使用替代品。
Wǒ mǎshang xiàng shàngjí huìbào yíxià, kànkan néngfǒu shǐyòng tìdàipǐn.

第15課

【日本語訳】

田　　中： もしもし、ホームフード上海（支社）の田中です。営業部の黄さんはいらっしゃいますか？

営業部 黄： はい、私です。ええっと、どちら様で……いらっしゃいますか？

田　　中： 実は……、先日、貴社から納品された商品を当方でもチェックしましたところ、商品の一部に、不良品がありました。ご存知のように、日本のお客様の品質に対する要求はなかなか厳しいですから、この分は輸出できません。どうしましょうか……。

営業部 黄： そうなんですか。それは大変申し訳ございません。しかし、中国現地で調達できる材料が既に品切れになっていますから、すぐに生産に入るのは無理です。どうしましょうか？

田　　中： でも、契約書の納期は、今月末です。約束は守ってもらわないと。

営業部 黄： そうですね。では、こちらは、どのように対応すればよいでしょうか？

田　　中： 今回の商品に代わる代替品はありませんか？

営業部 黄： そういうことなら、大丈夫です（問題ありません）。すぐに手配できます。契約書に基づき、貴社の期日通りに納品することをお約束できます。

田　　中： そりゃよかった！　すぐに上にも報告して、代替品で対応可能かどうか相談してみます。

新出単語／重要語句

主管 zhǔguǎn	主管、主担当	英 superior; person in charge
检查 jiǎnchá	検査する	英 to inspect; check
进货 jìnhuò	入荷する	英 arrival of goods
发现 fāxiàn	発見する、気づく	英 to discover
不合格 bù hégé	不合格	英 not meeting specifications; qualifications
严 yán	厳しい	英 strict
无法 wúfǎ	～する方法がない、できない	英 to be unable to
出口 chūkǒu	輸出する	英 to export
抱歉 bàoqiàn	申し訳なく思う	英 to feel; say sorry
库存 kùcún	在庫	英 stock; inventory
立即 lìjí	直ちに、すぐ	英 immediately; at once
投入 tóurù	投入する、始める	英 to start; inject
月底 yuèdǐ	月末	英 the end of the month
信用 xìnyòng	信用する	英 trust; believe
该 gāi	～すべきである	英 should
补救 bǔjiù	埋め合わせる	英 to make up for
代替 dàitì	代替する、取って代わる	英 to replace
批 pī	まとまった数量のものを数える	英 (counter) lot
倒 dào	かえって	英 on the contrary
保证 bǎozhèng	保証する	英 to guarantee
按 àn	～に基づき、～に準じて	英 based on
合同 hétong	契約	英 contract
交货 jiāohuò	納品する、商品を引き渡す	英 to deliver goods
上级 shàngjí	上司（上の部門）	英 boss; supervisor

文法解説

1. 您也知道日本的客户对质量的要求是挺严的，……

副詞「挺」☞なかなか～、かなり～

「挺 + 動詞／形容詞」の形をとり、物事の状況、程度が高いことを表す。
話し言葉に多く用い、程度の高いことを表すだけでなく、話し手の気持ち、感情も表す。

　　ⅰ 他的话挺有意思。　　　　　　ⅱ 这个包挺轻的，我拿得动。
　　ⅲ 他好像挺不高兴的。

2. 您看我们该如何补救为好呢？

「～为好」：(動詞 + 为好)　☞～のほうがよい、～をよしとする

　　ⅰ 你还是不去为好。　　　　　　ⅱ 在这件事上你还是以忍让为好。

3. 如果这样的话，问题倒不大。

副詞「倒」：口調を和らげる

　①肯定文に用いる時、先行の句で述べたことが却って望ましいことを表す。
　　☞却って～、～のも……
　　ⅰ 能免费看戏，这倒是求之不得的事呀。
　　ⅱ 借这个机会去看看老朋友，倒也挺不错。
　②否定文に用いて口調が強くなりすぎるのを避ける。☞～でもない、～なわけでもない
　　ⅲ 我倒不是反对，只是觉得应该好好考虑一下。
　　ⅳ 你说他不认真，这倒也不是。

4. 保证按合同，如期向贵公司交货。

「如 + 一文字名詞」　☞～のとおりに

　　ⅰ 如期　　　　　　ⅱ 如数　　　　　　ⅲ 如法
　　ⅳ 如愿　　　　　　ⅴ 如意

慣用的な用法 ☞～のごとくである、～のようである、～と同じである

　　ⅵ 湖水如镜　　　　ⅶ 心如乱麻
　　ⅷ 亲如兄弟　　　　ⅸ 气势如牛

5. 那可太好了！

「可」の使い方

(※副詞的用法については第10課の【文法解説】6参照)

 ①助動詞（可 + 動詞文）

  A．可能・許容を表す。文章語に多く用いる（＝可以）☞〜できる、〜してよい

  ⅰ 去北京可乘飞机也可坐火车。 ⅱ 缘分是可遇而不可求的。

  B．☞〜する値打ちがある、〜するだけのことはある、〜すべきである

  ⅲ 我没什么可说的了。 ⅳ 这个电影还是很可看的。

 ②接続詞（＝可是）逆接を表す。☞〜だけれども、〜というのに、〜なのに

  ⅴ 我听说过，可没见过。 ⅵ 已经六十岁了，可心还像年轻人一样。

 ③接頭語

  A．「可 + 動詞（単音節）」→ 形容詞を作る。

  ⅶ 可爱 可喜 可恨 可靠 可笑 可惜

  B．「可 + 名詞（単音節）」→ 動詞を作る。

  ⅷ 可口 可身／可体 可心 可意

練習問題

A. 本文を参考にして、ピンインを中国語の簡体字になおしましょう。
 1. Zhècì gěinín tiān máfan le, shífēn bàoqiàn.
 2. Nín kàn zěnme bàn hǎo?
 3. Wǒ kěyǐ mǎshang ānpái.

B. 本文を参考に、下線の部分を入れ替えて読んでみましょう。
 1. ＿＿＿＿＿ 的 ＿＿＿＿＿ 在吗？
  （财务部／张科长　秘书部／陈女士　贵公司／总经理）
 2. 您看怎么 ＿＿＿＿＿ 好（做　写　处理）
 3. 我马上向 ＿＿＿＿＿。（客户道歉　消费者说明一下吧　科长请假）

C. 本文を参考にして、以下の単語を並び替え、正しい文章に作文してみましょう。
 1. （对　质量　客户　要求　日本的　是　挺严的）
 2. （无法　投入　生产　啊　我们）
 3. （发现　在　检查时　我们　不合格品）

D. 次の日本語を中国語に訳してみましょう。
 1. 実はですね、検査の時に大きな問題を発見しました。

 2. この製品は出荷するすべがありません（出荷できません）。

 3. 我々の会社は、品質を保証します。

豆知識　中国の主な祝日

元旦（Yuándàn）／元旦（1月1日）
世界各国のお正月と同じく、新暦での休日。1日だけの公休日。西洋や日本では元旦を盛大に祝うが、中国では旧暦の「春節」をお正月として盛大に祝う。

春节（Chūnjié）／旧正月、春節（毎年1月〜2月頃／旧暦の1月1日）
1年で一番賑やかな中国の伝統的なお正月を祝う期間。1週間前後の長期休暇が与えられる。都市の出稼ぎ労働者もこの時だけは帰郷して、家族との団欒を楽しむ。子どもにお年玉「压岁钱（yāsuìqián）」をあげたり、ギョーザ「饺子（jiǎozi）」など縁起のよいものを食べたり、親戚回りをしたりする。住宅の密集している都市部では、その危険性から爆竹を鳴らすことは禁止されているが、農村ではよく爆竹が鳴らされ、中国のお正月の伝統は農村地域に色濃く残っているようである。

元宵节（Yuánxiāojié）／元宵節（1月15日／旧暦）
灯籠（ちょうちん）を飾るので、「灯节（dēngjié）」ともいわれる。また、一家の団欒「团圆（tuányuán）」と無事を祈って、丸い「元宵（yuánxiāo）」の団子を食べる。元宵は「汤圆（tāngyuán）」とも呼ばれ、モチ米の粉をこね、砂糖、ゴマ等を餡にしてゆでたもので、日本の「おしるこ」的感覚で食べられる。

三八妇女节（Sān bā fùnǚjié）／婦人デー（3月8日）
職場で女性は半日休暇となるところが多い。この日、各職場では女性に対してさまざまな特別のサービスを行う。

清明节（Qīngmíngjié）／清明節（4月5日前後）
お墓参り「扫墓（sǎomù）」の習慣があり、春の陽差しに誘われ郊外などに出かける風習も残っている。1日だけの公休日が与えられる。

五一国际劳动节（Wǔyī guójì láodòngjié）／メーデー（5月1日）
メーデー。労働者のための日。5月1日〜3日まで3日間の休暇が与えられる。

端午节(Duānwǔjié)／端午節(5月5日／旧暦)
戦国時代の楚国の滅亡を憂えて汨羅江に身投げした愛国詩人屈原の伝説にちなんだ休日で、1日の公休日が与えられる。チマキ「粽子(zòngzi)」を食べる習慣がある。ボートレース「龙舟竞渡(lóngzhōu jìngdù)」も行われる。

六一国际儿童节(Liùyī guójì értóngjié)／子どもの日(6月1日)
中国の子どもの日。一人っ子政策の中国では、子どもは「小皇帝(xiǎohuángdì)」。この日は授業を行わない学校が多く、学校では子どもに無料映画チケットや動物園の入場券などをプレゼントする。

中秋节(Zhōngqiūjié)／中秋節(8月15日／旧暦)
中秋の名月を眺め、異郷にいる家族を思い、一家団欒を願う日。毎年、中秋節(中国のお月見／十五夜)には「月餅(ゲッペイ／yuèbǐng)」を食べる。1日の公休日が与えられる。

国庆节(Guóqìngjié)／国慶節(建国記念日)(10月1日)
1949年10月1日、毛沢東が天安門から中華人民共和国建国を宣言したことを記念した建国記念日。中国では「春節」と並ぶ大型連休の1つで、1週間前後の長期休暇が与えられる。

中国　年間の祝祭日　スケジュール

	1月	2月	3月	4月	5月	6月
上旬	※元旦		婦女節	※◆清明節	※労働節 青年節	児童節
中旬		※◆春節			※◆端午節	
下旬		◆元宵節				

	7月	8月	9月	10月	11月	12月
上旬	共産党成立記念日	建軍節	教師節 ◆重陽節	※国慶節		
中旬		◆七夕	※◆中秋節			
下旬						

※は一斉休暇(公休)となる祝祭日。　◆は伝統的な旧暦の行事

第16课 未回收款的报告
Wèi huíshōu kuǎn de bàogào

未収金の報告

课文 16・36

（在银行）
(zài yínháng)

银行工作人员：**下一位，这边请。**
Xià yí wèi, zhè biān qǐng.

李月琴：**我想确认一下我们公司的帐面资金流动情况。**
Wǒ xiǎng quèrèn yíxià wǒmen gōngsī de zhàngmiàn zījīn liúdòng qíngkuàng.

银行工作人员：**好，是人民币帐户还是美元帐户？**
Hǎo, shì Rénmínbì zhànghù háishi Měiyuán zhànghù?

李月琴：**两个帐户都确认一下吧。**
Liǎng ge zhànghù dōu quèrèn yíxià ba.

银行工作人员：**好了，请您看一下。**
Hǎo le, qǐng nín kàn yíxià.

李月琴：**谢谢！**
Xièxie!

（李月琴回到公司）
（Lǐyuèqín huídào gōngsī）

李月琴：科长，我在银行确认过帐面资金汇入
　　　　Kēzhǎng, wǒ zài yínháng quèrènguo zhàngmiàn zījīn huìrù
　　　　情况，发现还有一部分货款没有进帐。
　　　　qíngkuàng, fāxiàn hái yǒu yí bùfen huòkuǎn méiyǒu jìnzhàng.

田　中：诶，这怎么可能呢？
　　　　Éi, zhè zěnme kěnéng ne?
　　　　汇款期限不是都在合同书上签好了吗？
　　　　Huìkuǎn qīxiàn búshì dōu zài hétongshūshang qiānhǎo le ma?

李月琴：您不知道在中国拖欠汇款的事也是常有的。
　　　　Nín bù zhīdao zài Zhōngguó tuōqiàn huìkuǎn de shì yě shì cháng yǒu de.
　　　　我们应该在付款期限快到时，再跟对方联系
　　　　Wǒmen yīnggāi zài fùkuǎn qīxiàn kuài dào shí, zài gēn duìfāng liánxì
　　　　确认一下为好。
　　　　quèrèn yíxià wéi hǎo.

田　中：是啊，并且中国的财务监察体制也与日本不一样，
　　　　Shì a, bìngqiě Zhōngguó de cáiwù jiānchá tǐzhì yě yǔ Rìběn bù yíyàng,
　　　　我们应转变观念啊。小李，那你就负责催一下吧。
　　　　wǒmen yīng zhuǎnbiàn guānniàn a. Xiǎo Lǐ, nà nǐ jiù fùzé cuī yíxià ba.

未回収款的报告 ● 未収金の報告

【日本語訳】
(銀行で)
銀行員　：次の方、こちらへどうぞ。
李月琴　：弊社の口座への出入金状況を確認したいのですが……。
銀行員　：分かりました。人民元口座ですか、ドル口座ですか？
李月琴　：両方の口座の確認をお願いします。
銀行員　：はい、できました。ご確認下さい。
李月琴　：ありがとうございました。

(李月琴さんが会社へ戻る)
李月琴　：課長、銀行で出入金状況を確認してきましたが、一部の商品代金の入金がまだなかったようです。
田　中　：えっ、そんなはずはないでしょ。振り込み期限については、契約書にもきちんとサインしたじゃないですか。
李月琴　：中国では送金の遅れが日常茶飯事なのをご存知ないのですね。中国側には、支払い期日になる前に、再度、確認連絡をした方がいいですね。
田　中　：そうだね。中国と日本の会計監査の制度も違うので、我々は考え方を変えなければならないね。
　　　　　李さん、では、先方に催促してくれるかい？

第16課

新出単語／重要語句

确认 quèrèn	確認する	英 to confirm
帐面资金流动情况 zhàngmiàn zījīn liúdòng qíngkuàng	(台帳の) 出入金状況	英 status of money transferred
人民币 Rénmínbì	人民元	英 Chinese yuan
帐户 zhànghù	口座	英 account
美元 Měiyuán	米ドル	英 dollar
银行 yínháng	銀行	英 bank
货款 huòkuǎn	商品の代金	英 to pay for a commodity
签 qiān	(契約に) 調印する	英 signature
拖欠 tuōqiàn	滞納する	英 fall behind in payments
财务监察体制 cáiwù jiānchá tǐzhì	会計監査システム	英 financial inspection system

*現場では「会計監査」の意味で、"**财务审计**"という言葉も使われる

催 cuī	催促する、せき立てる	英 to hasten; rush into; hurry

文法解説

1. 好，**是**人民币帐户**还是**美元帐户？

「(是) ～ 还是……?」☞ ～か、それとも……か（選択疑問文）
　　ⅰ 你是星期六去，还是星期天去？　　ⅱ 早饭你吃面包还是米饭？
　　ⅲ 你看，红的好？还是白的好？

2. 汇款期限**不是**都在合同书上签好了**吗**？

「不是 ＋ ～吗？」☞ ～ではないか、～じゃないか（反語を表す）
　　ⅰ 你不是已经回家了吗？　　ⅱ 他本来不是反对建设水库吗？
　　※比較　副詞「难道～吗？」☞ まさか～ではあるまい、～とでもいうのか
　　ⅲ 你难道不知道吗？　　ⅳ 难道你也认为他是犯罪了吗？

3. 您不知道在中国拖欠汇款的事也是常有的。

「是 ＋ 動詞 ＋ 的」☞ ～なのだ、～したのだ
　　「是……的。」で、すでに実現した出来事や場所、時間、目的、方法など話者が
　　相手に伝えたい内容を強調する表現。
　　ⅰ 他是去年来日本的。　　ⅱ 你们是怎么去的？

4. 我们**应该**在付款期限快到时，……
　　……，我们**应**转变观念啊。

助動詞「应该」「应 ＋ 動詞」☞ ～しなければならない、～すべきである
（道理・常識・人情から判断して……という語気）
　　ⅰ 你应该早点儿给他回信。　　ⅱ 开车时应该遵守交通规则。
なお、否定形は、「不」＋「应该」で「不应该（～すべきではない）」となる。
　　ⅲ 我们不应在背地里说同事的坏话。

5. 是啊，**并且**中国的财务监察体制也与日本不一样，

「并（并且）」：文章の中では接続詞的な用法と副詞用法の2通りがある。
　　①接続詞：「并（并且）」☞ その上～、そして～、また～
　　連続する文節の初めについて、前後の文章をつなぐ。前文の内容に対して、後文
　　で内容を付加することもある。名詞と名詞の接続には用いられない。

ⅰ 我们签了合同，并已开始执行。　ⅱ 今天我身体不好，并且还要加班。
②副詞：「并」+否定詞☞まったく～ない
「不」「没有」「未」など否定の副詞の前につけ、否定の口調を強調する。
ⅲ 我并不知道他最近结婚的消息。　ⅳ 对中国股票我并没有兴趣。

6. 中国的财务监察体制也**与**日本**不一样**。
「与～不一样」☞～と違う、～と異なる、～と同じではない
ⅰ 我的看法与你不一样。　ⅱ 大阪话的发音与东京完全不一样。
なお、肯定形は、「与～一样」で「～と同じ」となる。
ⅲ 中方的合资公司与我们一样，也休星期六和星期天。

熱心に参拝する人々（香港：黄大仙）

練習問題

A. 本文を参考にして、ピンインを中国語の簡体字になおしましょう。
1. Wǒ xiǎng quèrèn hétongshū.
2. Zhè zěnme kěnéng ne?
3. Nǐ jiù cuī yíxià ba.

B. 本文を参考に、下線の部分を入れ替えて読んでみましょう。
1. 我想跟 _____ 一下。(他们联系　小李说　朋友约)
2. 是 _____ 还是 _____ ?
   (今天去／明天去　你的／他的　红颜色／黄颜色)
3. 我们应该 _____ 啊。(检讨工作态度　努力学习　改变想法)

C. 本文を参考にして、以下の単語を並び替え、正しい文章に作文してみましょう。
1. (是　美元帐户　人民币帐户　你想确认的　还是)
2. (在合同书上　不是　都　吗　签好了　汇款期限)
3. (财务监察体制　与　不一样　日本　中国的)

D. 次の日本語を中国語に訳してみましょう。
1. 契約書にちょっとサインして下さい。
   _____

2. 送金の支払い滞納は日常茶飯事です。
   _____

3. 中国と日本の生活習慣は異なります。
   _____

豆知識

中国の干支と縁起のよい動物

日本では女性に年齢を尋ねるのは失礼かあるいはタブーに思われているが、中国ではそれほど失礼ではない。中国では年齢を尋ねる場合は、ストレートに「你多大年纪？（何歳ですか）」と訊くよりも、「你属什么？（干支は何ですか）」という婉曲的な表現で尋ねることが多い。基本的に中国の干支を表す動物は日本と同じであるが、「書き言葉」と「話し言葉」によって些か干支の漢字が異なるものもあるので気をつけたい（※表を参照）。

また、中国では年齢をいう場合に、「満（实岁／shísuì）」と「数え（虚岁／xūsuì）」の両方の言い方がある。日本でも「満」と「数え」の言い方は存在するが、1950年（昭和25年）から年齢は「満」で呼ぶようになっている。

【干支（えと）】属相（shǔxiang）／生肖（shēngxiào）
十二支（じゅうにし）表

No.	干支の漢字 （書き言葉）	発音	日本語読み	中国語 （話し言葉）	発音
1	子	zǐ	ね	鼠	shǔ
2	丑	chǒu	うし	牛	niú
3	寅	yín	とら	虎	hǔ
4	卯	mǎo	う	兔	tù
5	辰	chén	たつ	龙	lóng
6	巳	sì	み	蛇	shé
7	午	wǔ	うま	马	mǎ
8	未	wèi	ひつじ	羊	yáng
9	申	shēn	さる	猴	hóu
10	酉	yǒu	とり	鸡	jī
11	戌	xū	いぬ	狗	gǒu
12	亥	hài	い（いのしし）	猪	zhū

縁起のよい動物「四灵（sìlíng）」

　中国で縁起のよい動物「四霊」とは、麒麟（qílín）、鳳凰（fènghuáng）、亀（guī）、龍（lóng）を指す。亀を除く他の3つは伝説の動物である。

　キリンビールでもお馴染みの麒麟は、皇帝が住んだ所や花園で彫刻や銅像が見られる。鳳凰は中国の伝説では「百鳥之王」であり、龍と同じく、歴代の王（皇帝）が権力と尊厳の象徴とし、吉祥と平和の象徴といえる。亀は実在する動物であり、動物の中で寿命が最も長い。古代の巫女は亀の甲羅で吉凶を占ったことから、亀は「神亀」「霊亀」と言われていた。龍は何千年もの間、皇帝の権力と尊厳の象徴とされ、全ての動物の中で最も縁起がよい動物であり、中華民族の象徴でもある。

　　　　　　　　　　　　（出典）『中国文化常識』高等教育出版社（2007）を参照

第17課 计划方案说明会 計画案のプレゼンテーション
Jìhuà fāng'àn shuōmínghuì

課文　17・37

（说明会上）
(shuōmínghuì shang)

北野总经理：今天先由销售部的主管科长田中来
　　　　　　Jīntiān xiān yóu xiāoshòubù de zhǔguǎn kēzhǎng Tiánzhōng lái

　　　　　　说明一下下季度的销售计划。
　　　　　　shuōmíng yíxià xià jìdù de xiāoshòu jìhuà.

　田　中：我是销售部的田中，今天汇报的主要内容是
　　　　　　Wǒ shì xiāoshòubù de Tiánzhōng, jīntiān huìbào de zhǔyào nèiróng shì

　　　　　　本公司的"香脆巧克力棒"的销售情况、消费者的反应、
　　　　　　běngōngsī de "Xiāngcuì qiǎokèlì bàng" de xiāoshòu qíngkuàng、xiāofèizhě de fǎnyìng、

　　　　　　关于上海及中国国内其它市场的将来的生产、
　　　　　　guānyú Shànghǎi jí Zhōngguó guónèi qítā shìchǎng de jiānglái de shēngchǎn、

　　　　　　销售计划。由于是在中国国内组织原料生产，
　　　　　　xiāoshòu jìhuà. Yóuyú shì zài Zhōngguó guónèi zǔzhī yuánliào shēngchǎn,

故可以以日本二分之一的价格销售。
gù kěyǐ yī Rìběn èr fēn zhī yī de jiàgé xiāoshòu.

去年在中国消费者之间反应不错，
Qùnián zài Zhōngguó xiāofèizhě zhī jiān fǎnyìng búcuò,

纯利润为百分之十，是个比较理想的数字。
chúnlìrùn wéi bǎi fēn zhī shí, shì ge bǐjiào lǐxiǎng de shùzì.

但是，现今的中国市场商品寿命越来越短，
Dànshì, xiànjīn de Zhōngguó shìchǎng shāngpǐn shòumíng yuè lái yuè duǎn,

即使投入新产品"成长－成熟－衰退"
jíshǐ tóurù xīn chǎnpǐn "chéngzhǎng - chéngshú - shuāituì"

这一循环也将转瞬即逝。
zhè yī xúnhuán yě jiāng zhuǎnshùn jí shì.

所以我们必须不断地、先于其他公司推出新产品。
Suǒyǐ wǒmen bìxū búduànde、xiān yú qítā gōngsī tuīchū xīn chǎnpǐn.

在商品市场衰退、销售额下降、
Zài shāngpǐn shìchǎng shuāituì、xiāoshòu'é xiàjiàng、

公司经营状况不佳时，正是考验我们公司
gōngsī jīngyíng zhuàngkuàng bù jiā shí, zhèng shì kǎoyàn wǒmen gōngsī

及员工实力的时候。面对巨大的中国市场，
jí yuángōng shílì de shíhou. Miànduì jùdà de Zhōngguó shìchǎng,

我们公司的产品还有很大的潜力。
wǒmen gōngsī de chǎnpǐn hái yǒu hěn dà de qiánlì.

在此，我希望我的"销售计划"能起到
Zài cǐ, wǒ xīwàng wǒ de "xiāoshòu jìhuà" néng qǐdào

抛砖引玉的作用。请各位研究一下。
pāo zhuān yǐn yù de zuòyòng. Qǐng gèwèi yánjiū yíxià.

【日本語訳】
（説明会の席上で）
北野社長： 今日は、来期の四半期の営業計画について、営業部担当課長の田中から説明させます。
田　　中： 営業部の田中です。本日の主な報告内容は、当社「クランキーバー」のチョコレートの販売状況、消費者の反応、上海及び中国国内の市場における将来の製造と販売計画についてです。

中国では原材料を現地調達して生産しますので、日本の2分の1の価格で販売できます。昨年は、中国の消費者の間での評判もまずまずで、純利益率は10％と、なかなかの数字です。

しかし、今や中国市場における商品の寿命もだんだん短くなってきており、たとえ新商品を（市場に）投入しても、あっという間に「成長、成熟、衰退」の（商品）サイクルが終わるでしょう。ですから、常に他社に先んじて新たな商品を打ち出していくことが必要です。商品が市場で衰退して販売の伸びが鈍化した時、そして会社の経営状況が悪化した時こそ、会社と社員の実力が問われると思います。中国の巨大市場を相手に、当社の製品にはまだまだ大きな可能性があります。ぜひ（この場において）、私の「販売計画」をたたき台にしてご検討頂きますよう、よろしくお願い致します。

新出単語／重要語句

季度 jìdù	四半期	英 quarter
主要 zhǔyào	主な	英 main
巧克力 qiǎokèlì	チョコレート	英 chocolate
反应 fǎnyìng	反応する	英 to react; respond
故 gù	ゆえに、したがって	英 therefore
不错 búcuò	よい、素晴らしい	英 very good
纯利润 chúnlìrùn	純利益	英 net profit
寿命 shòumìng	寿命	英 lifetime
成长 chéngzhǎng	成長する	英 to grow; develop
成熟 chéngshú	成熟する	英 to mature
衰退 shuāituì	衰退する	英 to decline; recede
循环 xúnhuán	循環、サイクル	英 cycle
转瞬 zhuǎnshùn	瞬く間に、一瞬に	英 instant; moment
逝 shì	（時間が）過ぎ去る、行く	英 to pass; be gone
必须 bìxū	〜なければならない	英 should; must
不断地 búduànde	絶えず	英 constantly; tirelessly
先于 xiānyú	〜に先んじる	英 prior to
推出 tuīchū	（新しいものなどを世に）出す	英 put on the market
不佳 bùjiā	よくない	英 bad
考验 kǎoyàn	試練、試み	英 trial
实力 shílì	実力	英 ability
面对 miànduì	直面する、面する	英 to face; encounter
巨大 jùdà	巨大な	英 huge; enormous
潜力 qiánlì	潜在力	英 potential
抛砖引玉 pāo zhuān yǐn yù	たたき台	英 to venture
研究 yánjiū	検討する	英 to consider; research

文法解説

【重要文法のまとめ（1）補語】

1. 時量補語

    動詞の後について、動作・行為の行われた時間の量を表す。「動詞 + 時量表現」
    - i 我看了两个小时电视了。
    - ii 山本先生等一会儿就来。

2. 動量補語

    動詞の後について、動作・行為の量・回数などを表す。「動詞 + 動量表現」
    - i 我打算去一趟北京
    - ii 我来介绍一下儿。

3. 前置詞連語補語

    （動詞・形容詞 + 前置詞 + 名詞）
    結果補語とする見方も多い（結果補語的に用いられている）。
    - i 我生在农村，长在农村。
    - ii 让我们面向美好的未来。
    - iii 他来自美丽的岛国日本。
    - iv 这家银行的利息低于那家银行。

4. 方向補語

    動詞の後ろに付き、動作者や動作対象の移動する方向を表す。
    ①単純方向補語「動詞 + 来／去」☞〜してくる　〜していく
    - i 我出去一下。
    - ii 你带点儿钱来吧。

    ②複合方向補語「動詞 + 方向動詞 + 来／去」☞〜してくる　〜していく
    - iii 请说下去。
    - iv 孩子们跑出来了。

    ※よく用いられる方向補語には主に次のようなものがある。

	进	出	上	下	回	过	起
来	进来	出来	上来	下来	回来	过来	起来
去	进去	出去	上去	下去	回去	过去	—

5. 結果補語

動詞・形容詞の後ろに用いて、動作や変化の結果を表す。否定は動詞や形容詞の前に「没」を用いる。目的語、アスペクト助詞は補語の後ろに置く。

《主な結果補語》

①動詞

～见　　～懂　　～完　　～上　　～下　　～会　　～到　　～住
～开　　～掉　　～了

②形容詞

～好　　～坏　　～错　　～长　　～短　　～大　　～小　　～清楚
～干净　～明白

ⅰ 看见田中了没有？　　　　　　ⅱ 吃完饭再走吧。
ⅲ 你的话我没听懂。　　　　　　ⅳ 她说错了吗？
ⅴ 我要学好中文。　　　　　　　ⅵ 请把房间打扫干净。

6. 可能補語

動作・行為（結果として）が「実現しうる／しえない」ことを表す。

① 「動詞 + 得（de）／不 + 結果補語」☞ ～できない、～しえない

ⅰ 买得到／买不到　　ⅱ 洗得干净／洗不干净　　ⅲ 吃得了／吃不了

② 「動詞 + 得（de）／不 + 方向補語」☞ ～できない、～しえない

ⅳ 穿得进去　　　　　ⅴ 作得出来　　　　　　ⅵ 跳得上来
ⅶ 走不出去　　　　　ⅷ 站不起来　　　　　　ⅸ 称不上优秀

7. 状態（様態）補語

動詞の後ろに用いて、その状態、状況に対する描写、説明、評価を表す。
主な用法は次の通りである。

① 「主語 + 動詞 + 得 + 形容詞句」

ⅰ 我哥哥跑得很快。　　　　　　ⅱ 她汉语说得不太流利。

② 「主語 + 動詞 + 目的語 + 動詞 + 得 + 形容詞句」

ⅲ 他说日语说得有点儿生硬。　　ⅳ 她写字写得又快又好。

③ 「主語 + 目的語 + 動詞 + 得 + 形容詞句」

最初の動詞を省いて、目的語を強調する表現になる。

ⅴ 他日语说得有点儿生硬。　　　ⅵ 她字写得又快又好。

8. 程度補語

形容詞の後ろに用いて、その程度を表す。

① 「主語 + 形容詞 + 得 + 很」

ⅰ 今天天气好得很。　　　　　　　ⅱ 中国大得很呢。

② 「主語 + 形容詞／動詞（性質・状態を表す動詞） + 得 + 程度表現」

ⅲ 我头疼得不行。　　　　　　　　ⅳ 最近忙得不得了。

ⅴ 东西贵得要命。　　　　　　　　ⅵ 昨天累得要死。

③ 「主語 + 形容詞／動詞（性質・状態を表す動詞） + 程度表現」

ⅶ 今天比昨天热多了。　　　　　　ⅷ 他的汉语棒极了。

ⅸ 我高兴死了。　　　　　　　　　ⅹ 最近身体糟透了。

バンクーバーの仏教寺院

青島の海が見える教会

練習問題

A. 本文を参考にして、ピンインを中国語の簡体字になおしましょう。
　1. Wǒ lái shuōmíng yíxià shēngchǎn jìhuà.
　2. Wǒmen bìxū búduànde nǔlì.
　3. Qǐng gèwèi yánjiū yíxià.

B. 本文を参考に、下線の部分を入れ替えて読んでみましょう。
　1. 即使 _____, 也 _____。
　　（贵／要买　远／也得去　不去／没问题）
　2. _____ 越来越 _____。
　　（他个子／高　我女儿长得／漂亮　我的钱／少）
　3. 由于是 _____, 故 _____。
　　（汇率贬值／亏损很大　通货膨胀／物价上升）

C. 本文を参考にして、以下の単語を並び替え、正しい文章に作文してみましょう。
　1.（短　现今　中国　市场　寿命　的　越来越　商品）
　2.（新产品　不断地　推出　我们）
　3.（产品　还有　很大的　我们公司的　潜力）

D. 次の日本語を中国語に訳してみましょう。
　1. 消費者の反応はなかなかのものです。
　　 _____
　2. 今年の弊社の純利益は5%減りました。
　　 _____
　3. わが社は他社に先んじて新製品を打ち出します。
　　 _____

中国社会における宗教文化の伝来と信仰

豆知識

インドで生まれた仏教は中国に伝来し、中国的な仏教へと発展した。隋唐時代は仏教が中国化した重要な時期である。唐代の統治者は「儒教」「仏教」「道教」の併存的な政策を実施し、仏教は中国の伝統文化の融合の過程において儒家と道家の思想を吸収した。

中国では歴史上、仏教、キリスト教、道教、イスラム教、ヒンズー教、マニ教、ユダヤ教、ゾロアスター教の8つの宗教が存在した。

仏　　教：紀元前6世紀ごろ創始者を釈迦牟尼とするインドで生まれた宗教。キリスト教、イスラム教とならぶ世界三大宗教の一つ。その後、中国・朝鮮・日本と東南アジア諸国に広がった。中国・朝鮮・日本とベトナムは大乗仏教を主とし、その経典は漢語で書かれている。もう一方は、パーリ語の小乗仏教（南伝仏教、上座部仏教）で、スリランカ、ビルマ、タイ、ラオス、カンボジア、ならびに中国のタイ族、プーラン族など少数民族にも広がっている。また、チベットに伝来した仏教は、チベット古来の特色を備えたチベット仏教「ラマ教」となり、中国のチベット族、モンゴル族、ナシ族、ユーグ族などの少数民族地域に広がった。

仏教に関する観光名所では、有名な「三大石窟」の莫高窟、雲岡石窟、龍門石窟と「四大仏山」の五台山、九華山、峨眉山、普陀山がある。

道　　教：中国土着の宗教で、老子を開祖とし、『道徳経』が主な経典である。ヤオ族、チャン族、ペー族などの少数民族に広がっている。道教に関する観光名所には、「五岳」の泰山、衡山、華山、恒山、嵩山がある。

キリスト教：紀元7世紀、唐の時代に伝わり、「景教」と呼ばれた。"圣经（Shèngjīng／聖書）"を経典とする。ローマカトリック教の"天主教（Tiānzhǔjiào／カトリック）"、"东正教（Dōngzhèngjiào／ギリシア正教・ロシア正教）"、"耶稣教・新教（Yēsūjiào・Xīnjiào／プロテスタント）"等に分かれている。

イスラム教：紀元7世紀半ばに中国に伝来。"古兰经（Gǔlánjīng／コーラン・聖書）"を経典とする。中国では昔はイスラム教のことを「回教」「清真教」「清浄教」「天方教」などと呼んでいた。回族、ウイグル族、カザフ族、ウズベク族、タジク族、タタール族などの少数民族はイスラム教を信仰している。

（出典）　上海春秋国際旅游社編著『中国旅游必読』　上海社会科学院出版社（1986年）

第18课 纪念庆典（招待会）
Jìniàn qìngdiǎn / zhāodàihuì

课文 18・38

孙副总经理：这是明天的招待会的来宾名单，请过目。
Zhè shì míngtiān de zhāodàihuì de láibīn míngdān, qǐng guò mù.

来宾祝词先是最大赞助商的龙江集团的董事长、
Láibīn zhùcí xiān shì zuì dà zànzhùshāng de Lóngjiāng jítuán de dǒngshìzhǎng、

然后是几位合作伙伴企业的负责人，另外还打算
ránhòu shì jǐ wèi hézuò huǒbàn qǐyè de fùzérén, lìngwài hái dǎsuàn

请总领事讲几句话。
qǐng zǒnglǐngshì jiǎng jǐ jù huà.

主持人就地取材，就让田中担任吧。
Zhǔchírén jiù dì qǔ cái, jiù ràng Tiánzhōng dānrèn ba.

翻译呢，您看李月琴怎么样？
Fānyì ne, nín kàn Lǐ Yuèqín zěnmeyàng?

北野总经理：她的日语确实不错，我看行。
Tā de Rìyǔ quèshí búcuò, wǒ kàn xíng.

孙副总经理：还有，在来宾交谈告一段落，宴会进入高潮时，
Háiyǒu, zài láibīn jiāotán gào yí duànluò, yànhuì jìnrù gāocháo shí,

記念式典

还准备了节目演出，由我们公司的商品广告的
hái zhǔnbèile jiémù yǎnchū, yóu wǒmen gōngsī de shāngpǐn guǎnggào de

形象代言人"上海女孩"演唱商品广告的主题曲和
xíngxiàng dàiyánrén "Shànghǎi nǚhái" yǎnchàng shāngpǐn guǎnggào de zhǔtíqǔ hé

几首原唱歌曲，为招待会增加气氛。
jǐ shǒu yuán chàng gēqǔ, wèi zhāodàihuì zēngjiā qìfēn.

北野总经理：好，这个方案不错，就这么办吧。
Hǎo, zhè ge fāng'àn búcuò, jiù zhème bàn ba.

（招待会当天）
（zhāodàihuì dāngtiān）

田　中：各位来宾，晚上好！首先衷心欢迎各位在
Gèwèi láibīn, wǎnshang hǎo! Shǒuxiān zhōngxīn huānyíng gèwèi zài

百忙之中，光临敝公司的招待会！谢谢！
bǎi máng zhī zhōng, guānglín bìgōngsī de zhāodàihuì! Xièxie!

和睦福多食品公司成立十周年纪念招待会现在开始！
Hémù fúduō shípǐn gōngsī chénglì shí zhōunián jìniàn zhāodàihuì xiànzài kāishǐ!

首先由敝公司的北野总经理致词。
Shǒuxiān yóu bìgōngsī de Běiyě zǒngjīnglǐ zhìcí.

【日本語訳】
孫副社長： これは明日のセレモニーの来賓リストです。どうぞご覧になってください。
来賓祝辞は、ビッグスポンサーである龍江企業集団の董事長、以下、得意先（パートナー企業）の責任者より数名、そして総領事にも一言お願いしようと思っています。
司会は社内の人材で田中さんに担当させましょう。通訳は、李月琴で如何でしょう？
北野社長： 確かに彼女の日本語は素晴らしい。私のお墨付きだ。
孫副社長： また、ご来賓の方々の歓談が一段落し、宴もたけなわになった頃を見計らって、催し物、出し物も用意しております。我が社の商品広告のイメージ・キャラクター「上海ガール」に、CMテーマソングとオリジナル曲の数曲を歌ってもらい、イベントを盛りあげてもらいます。
北野社長： よし、分かった。この案はなかなかいいね。これでいこう。

（パーティ当日）
田　　中： みなさま、こんばんは。お忙しい中、弊社のセレモニーにお越し頂き、心より感謝申し上げます。
ただ今より、ホームフード株式会社設立10周年記念パーティーを開催させて頂きます。
まず、弊社代表の北野よりご挨拶させて頂きます。

纪念庆典（招待会）● 記念式典

新出単語／重要語句

招待会 zhāodàihuì	レセプション、パーティー	英 reception; party
来宾 láibīn	来賓	英 guest
名单 míngdān	名簿	英 list
过目 guòmù	目を通す	英 to look over
祝词 zhùcí	祝辞	英 congratulatory address
赞助商 zànzhùshāng	スポンサー	英 sponsor
龙江集团 Lóngjiāng jítuán	龍江集団	英 Longjiang Group
然后 ránhòu	その後、それから	英 afterward; later
伙伴 huǒbàn	仲間、パートナー	英 partner
企业 qǐyè	企業	英 company; enterprise
总领事 zǒnglǐngshì	総領事	英 consul general
讲话 jiǎnghuà	スピーチをする	英 to talk; speak
主持人 zhǔchírén	司会者	英 host; chairman
就地取材 jiù dì qǔ cái	現地調達、現地で手配	英 to obtain raw material locally
担任 dānrèn	担当する	英 to be in charge of
确实 quèshí	確実である、確かである	英 certainly
告一段落 gào yí duànluò	一段落する	英 come to the end of the stage
高潮 gāocháo	たけなわ、クライマックス	英 climax
节目 jiémù	プログラム、催し物	英 program
演出 yǎnchū	演出する	英 to direct
广告 guǎnggào	広告	英 advertisement
形象 xíngxiàng	イメージ	英 image
女孩 nǚhái	少女	英 girl
演唱 yǎnchàng	歌を歌う	英 to sing
主题曲 zhǔtíqǔ	主題歌、テーマソング	英 theme song
歌曲 gēqǔ	曲、歌	英 song
增加 zēngjiā	増加する	英 to increase
气氛 qìfēn	雰囲気、空気	英 mood; atmosphere
方案 fāng'àn	プログラム、プラン	英 plan
衷心 zhōngxīn	心から	英 sincerely
光临 guānglín	ご光臨、ご来駕（敬語）	英 to be present; visit (polite)
致词 zhìcí	あいさつを述べる	英 greeting; address

第18課

文法解説

【重要文法のまとめ（2）助動詞】

1. 願望・意欲を表す助動詞「想／要／愿意／肯／敢」
   ① 「想 + 動詞文」☞ ～したい、～したがる
      ※気持ちを表す
      ⅰ 现在很想喝咖啡。　　ⅱ 你不想去旅行吗？　　ⅲ 我暑假想去北京。
   ② 「要 + 動詞文」☞ （たいへん）～したい、～しようとする
      ※意志を表す
      ※否定は「不想」で、「不要」ではない。
      ※「不要」+動詞文：禁止を表す。☞ ～するな
      ⅳ 我今天要早点儿去公司。　ⅴ 妹妹要买一辆新车。　ⅵ 小张不想写作业。
   ③ 「愿意 + 動詞文」☞ （心から希望して、願って）～したいと思う
      ⅶ 如果你是花，我愿意变成一片绿叶，衬托你的美丽。
      ⅷ 小李愿意做这个工作吗？　　ⅸ 他不愿意去，就别去了。
   ④ 「肯 + 動詞文」☞ （納得して、よろこんで）～したい
      ※意志を表す
      ⅹ 她肯努力工作。　　ⅺ 小张不肯一个人去。
      ⅻ 她肯不肯买这么贵的东西？
   ⑤ 「敢 + 動詞文」☞ （度胸があって、敢えて）～したい、～しようとする
      ⅹⅲ 她敢说反对吗？　　ⅹⅳ 我不敢走夜路。　　ⅹⅴ 你也太敢花钱了！

2. 可能を表す助動詞「会／能／可以」
   ① 「会」
      A. ☞ （技能・技術を会得、習得して）～できる
         ⅰ 我们都会打网球。　　ⅱ 她会上网了。　　ⅲ 我还不会开车。
      B. ☞ ～するのが得意である
         ⅳ 我爸爸很会吃。　　ⅴ 我妈妈特会买东西。　　ⅵ 你真会说话。
      C. ☞ 必ず～はずだ、きっと～だろう
         ⅶ 明天会下雨吗？　　ⅷ 我想她一定会来的。
         ⅸ 你放心吧，不会发生那样的事。

② 「能」：～できる
A. ☞（能力・可能性がある、条件が備わる、都合がつく）～できる
ⅹ 明天的晚会你能参加吗？　　ⅺ 我感冒了，今天不能喝酒。
ⅻ 我会游泳，能游两千米呢。
B. ☞（量的にたくさん）～できる
ⅹⅲ 她非常能喝白酒。　　ⅹⅳ 你真能吃啊。　　ⅹⅴ 他可真能说。
③ 「可以（可）」：～できる
A. ☞（可能を表す）～できる
ⅹⅵ 这儿可以抽烟。　　ⅹⅶ 北京冬天可以滑冰。
ⅹⅷ 一个人一次可以借几本书？
B. ☞（許可を表す）～してもよい、～しても構わない
ⅹⅸ 你可以这么想。　　ⅹⅹ 明天大家可以休息一天。
ⅹⅺ 我的话你可以听也可以不听。
C. ☞ ～する値打ちがある、～するだけのことはある
ⅹⅻ 我没什么可说的了。　　ⅹⅹⅲ 你可以多听听他的意见。
ⅹⅹⅳ 去北京可以游长城。

3. 当为（当然の行為）を表す助動詞「得（děi）／应该（应／该）／要」
① 「得」☞ ～しなければならない
　　※否定は「不用」☞ ～するには及ばない
ⅰ 我们得马上走，不然就来不及了。　ⅱ 明天我得早起。
ⅲ 你不用着急走，我家到车站用不了两分钟。
② 「应该（应／该）」☞ ～すべきだ
ⅳ 学生应该好好学习。　　ⅴ 这件事应认真考虑后，再做决定。
ⅵ 你不该迟到。
③ 「要」☞ ～しなければならない
　　※否定は禁止の「不要／别」☞ ～するな
ⅶ 学汉语要多听、多说、多问。　　ⅷ 大家要互相关心、互相学习。
ⅸ 不该做的事，一定不要做。

練習問題

A. 本文を参考にして、ピンインを中国語の簡体字になおしましょう。
1. Qǐng nín guò yíxià mù.
2. Gèwèi láibīn, wǎnshang hǎo!
3. Wǒmen de jìniàn qìngdiǎn xiànzài kāishǐ!

B. 本文を参考に、下線の部分を入れ替えて読んでみましょう。
1. 您看 ＿＿＿＿＿＿＿＿ 怎么样？（他做的　小王的英语水平　她的印象）
2. 她的 ＿＿＿＿＿＿＿＿ 确实不错。（口语　成绩　表演）
3. 首先由 ＿＿＿＿＿＿＿＿。（我们校长说几句话　我来介绍一下）

C. 本文を参考にして、以下の単語を並び替え、正しい文章に作文してみましょう。
1. （民族音乐　招待会　我们　增加　安排了　为　表演　气氛）
2. （二十周年纪念招待会　成立　现在开始　××公司）
3. （在百忙之中　光临　敝公司的招待会　首先　各位　感谢）

D. 次の日本語を中国語に訳してみましょう。
1. 社長に一言お話頂きます。

　＿＿＿＿＿＿＿＿＿＿＿＿＿＿＿＿＿＿＿＿＿＿＿＿＿＿＿＿

2. 通訳は社内の人材を用い、張さんに担当させます。

　＿＿＿＿＿＿＿＿＿＿＿＿＿＿＿＿＿＿＿＿＿＿＿＿＿＿＿＿

3. 合弁相手先の経営状況は、私はよいと思う。

　＿＿＿＿＿＿＿＿＿＿＿＿＿＿＿＿＿＿＿＿＿＿＿＿＿＿＿＿

豆知識　冠婚葬祭のことば（红白事 hóngbáishì）

【結婚】
華燭の喜びをお祝い申し上げます。
敬贺华烛之喜。

新婚おめでとう。お二人が愛し合い、幸せでありますように。
恭贺新婚，祝二位互敬互爱，美满幸福。

【出産】
貴台の御令嬢（御令息）のご出産をお祝い致します。
向你祝贺令爱（令郎）诞生大喜。

奥様のご出産おめでとうございます。お二人のご平安を祈ります。
欣逢尊夫人临盆之喜，谨祝母子（女）平安。

【誕生祝い】
心から先生の還暦をお祝い申し上げます。
欣闻先生花甲之寿，谨表衷心祝贺。

あなたの××歳のお誕生日に当たり、心からお祝いを申し上げるとともに、さらに長寿を全うされることをお祈り申し上げます。
欣逢您××岁寿辰之际，谨致热烈的祝贺，祝您长命百岁，青松不老。

【栄転・就任】
社長ご栄転の報を受け、弊社社員一同を代表してお喜び申し上げます。
欣悉吾兄荣任××公司总经理要职，谨代表我公司全体职工热烈祝贺。

ご成功の朗報に接し、嬉しく存じます。心からお祝い申し上げ、今後大きな貢献あらんことを期待します。
欣闻先生成功喜讯，谨致衷心祝贺，盼您今后做出更大贡献。

貴殿が要職に重任されたことを知り、心からお祝い申し上げますと共に、ご精励を祈ります。
欣悉您荣任要职，谨表衷心祝贺，并颂安康。

【祝祭日・年賀】
楽しいクリスマスと新年おめでとうございます。
恭贺圣诞，并祝新年愉快。

新年を迎えるに当たり、貴社の事業が益々発展するよう祈っております。
值此新春佳节，预祝贵公司事业日益发展。

謹賀新年、貴社の益々のご清祥を祈ります。
谨贺新正，祝贵公司日益繁荣昌盛。

【その他のお祝い】
××を迎えるにあたり、××を代表して心からお祝いを申し上げます。
值此××之际，我谨代表××表示衷心的祝贺。

××に当たり、祝電を頂戴し、心よりお礼申し上げるとともに、貴××の繁栄を心よりお祈り申し上げます。
值此××之际，承致电祝贺，谨表示由衷的谢意，并祝贵××更加繁荣昌盛。

【お悔やみ】
貴社総経理×××先生のご逝去に際し、心からお悔やみ申し上げます。
惊闻贵公司总经理×××先生逝世，谨表衷心哀悼。

××先生ご逝去の報に接し、謹んで哀悼の意を表すとともに、ご親族の皆様に心よりお見舞い申し上げます。
惊悉×××先生不幸逝世，谨致沉痛的哀悼。并向×××先生的亲属表示亲切的慰问。

（出典）「日本ビジネス中国語学会」のサイトより抜粋

第19课 生日宴会
Shēngrì yànhuì

誕生日の祝宴

课文　19・39

罗总经理：算起来，跟北野总经理也有五、六年的交往了吧。
Suànqilai, gēn Běiyě zǒngjīnglǐ yě yǒu wǔ、liù nián de jiāowǎng le ba.

北野总经理：是的，与罗总经理的交往是从合资企业成立起
Shì de, yǔ Luó zǒngjīnglǐ de jiāowǎng shì cóng hézī qǐyè chénglì qǐ

一直到现在。龙江集团公司的罗总经理及各位精英，
yìzhí dào xiànzài. Lóngjiāng jítuán gōngsī de Luó zǒngjīnglǐ jí gèwèi jīngyīng,

衷心感谢大家能在百忙之中抽出时间
zhōngxīn gǎnxiè dàjiā néng zài bǎi máng zhī zhōng chōuchū shíjiān

参加敝公司的不成敬意的便宴。
cānjiā bìgōngsī de bùchéng jìngyì de biànyàn.

同时，还要感谢诸位平时对公司业务的关照。
Tóngshí, háiyào gǎnxiè zhūwèi píngshí duì gōngsī yèwù de guānzhào.

今天是罗总经理的生日，我和在座的敝公司的
Jīntiān shì Luó zǒngjīnglǐ de shēngrì, wǒ hé zàizuò de bìgōngsī de

全体人员向罗总经理表示衷心的祝贺。
quántǐ rényuán xiàng Luó zǒngjīnglǐ biǎoshì zhōngxīn de zhùhè.

罗总经理：今天承蒙如此的盛宴款待，真是过意不去。
Jīntiān chéngméng rúcǐ de shèngyàn kuǎndài, zhēn shì guòyì buqù.

北野总经理：来，为罗总的生日干杯吧！
Lái, wèi Luó zǒng de shēngrì gānbēi ba!

祝生日愉快、家庭幸福、事业成功，干杯！
Zhù shēngrì yúkuài, jiātíng xìngfú, shìyè chénggōng, gānbēi!

罗总经理：谢谢大家！到这个年纪还有老朋友给祝寿，
Xièxie dàjiā! Dào zhège niánjì hái yǒu lǎopéngyou gěi zhùshòu,

真有点不好意思。
zhēn yǒudiǎn bù hǎoyìsi.

不过，内心还是很感动的。
Búguò, nèixīn háishi hěn gǎndòng de.

北野总经理：啊，上海螃蟹也上来了，
Ā, Shànghǎi pángxiè yě shànglái le,

再一次真诚地祝贺罗总生日快乐！
zài yí cì zhēnchéng de zhùhè Luó zǒng shēngrì kuàilè!

罗总经理：中国有句老话；"酒逢知己千杯少"。
Zhōngguó yǒu jù lǎo huà; "jiǔ féng zhījǐ qiān bēi shǎo".

也就是说，跟能够推心置腹、以诚相见的
Yě jiùshì shuō, gēn nénggòu tuī xīn zhì fù, yǐ chéng xiāngjiàn de

老朋友一起喝酒，千杯也不嫌多的意思。谢谢今晚的
lǎopéngyou yìqǐ hē jiǔ, qiān bēi yě bù xián duō de yìsi. Xièxie jīnwǎn de

热情款待。祝贵公司的事业发展、诸位身体健康，干杯！
rèqíng kuǎndài. Zhù guìgōngsī de shìyè fāzhǎn, zhūwèi shēntǐ jiànkāng, gānbēi!

北野总经理：罗总，今后我们与贵公司不仅要一如既往地继续
Luó zǒng, jīnhòu wǒmen yǔ guìgōngsī bùjǐn yào yì rú jì wǎng de jìxù

保持良好的关系，同时也希望能够继续发展良好的
bǎochí liánghǎo de guānxi, tóngshí yě xīwàng nénggòu jìxù fāzhǎn liánghǎo de

人际关系。今天诸位能够光临敝公司的便宴，
rénjì guānxi. Jīntiān zhūwèi nénggòu guānglín bìgōngsī de biànyàn,

再次深表谢意。
zàicì shēnbiǎo xièyì.

【日本語訳】
羅総経理： 思えば、北野社長とも、もうかれこれ5～6年のおつき合いですね。
北野社長： そうですね。羅総経理とのおつき合いは、合弁企業設立から今に至るまでずっと続いていますね。
龍江企業集団グループの羅総経理と幹部各位の皆様、本日は業務のご多忙中にもかかわらず、貴重なお時間を頂き、弊社の小宴にご参加頂きまして、誠にありがとうございます。
また平素より弊社との業務におきまして、御高配を賜り感謝いたします。
今日は羅総経理のお誕生日です。私並びにここに参席している弊社の社員一同、心からお祝い申し上げます。
羅総経理： 今日は、こんなにも至れりつくせりの宴を催して頂き、本当に恐縮です。
北野社長： さあ、羅総経理の誕生日を祝って乾杯しましょう。
お誕生日とご家族の幸福、事業の成功を祝って、乾杯!
羅総経理： みなさん、ありがとう! こんな歳になっても、旧友に誕生日を祝ってもらうなんて、何だか気恥ずかしいけれど、心にジーンときますね。
北野社長： あっ、上海ガニも出てきました。では、改めて本日のお誕生日、おめでとうございます。
羅総経理： 中国の諺に「酒逢知己千杯少（酒は知己に逢えば千杯でも少なし）」という言葉があります。つまり「腹を割って話せる同士（心から理解し合っている相手）と酒の席で会ったら、杯を千回酌み交わしてもまだ足りない」という意味です。
心温まる今夜の歓待、ありがとうございます。
貴社の業務のご発展とみなさんのご健康を願って、乾杯!
北野社長： 羅総経理、これからも御社と弊社の従来の良好な仕事上の関係を保っていくだけでなく、同時に人のつきあいの面でもよい方向に発展していくよう願っています。本日は弊社の小宴にお越し頂きまして、重ね重ねお礼申し上げます。

新出単語／重要語句

交往 jiāowǎng	つき合う、交際する	英 to keep company with
成立 chénglì	創立する	英 to found
一直 yìzhí	ずっと	英 all the time
精英 jīngyīng	エリート、卓越した人物	英 elite
抽出 chōuchū	（時間を）割く	英 to spare (time, money, etc.)
不成敬意 bùchéng jìngyì	敬意を尽くさない	英 to not be respectful
便宴 biànyàn	小宴、非公式の宴会	英 informal dinner
生日 shēngrì	誕生日	英 birthday
在座 zàizuò	～に座る、在席する	英 sit at
盛宴 shèngyàn	盛大な宴会	英 magnificent party
款待 kuǎndài	手厚いもてなし	英 hospitality
过意不去 guòyì buqù	恐縮である、すまない	英 to be sorry
为～干杯 wèi～gānbēi	～に乾杯	英 Cheers!
愉快 yúkuài	楽しい	英 pleasant; happy
家庭 jiātíng	家庭	英 family; home
幸福 xìngfú	幸福	英 happiness
成功 chénggōng	成功	英 success
祝寿 zhùshòu	（年輩者の）誕生祝いをする	英 celebrate birthday of person up in years
内心 nèixīn	内心、心の中	英 intimate
感动 gǎndòng	感動する	英 to be moved; impressed by
螃蟹 pángxiè	カニ	英 crab
真诚 zhēnchéng	誠意ある、真心をこめた	英 sincerely; loyally
老话 lǎohuà	言い伝え、昔話	英 legend; tale
酒逢知己千杯少 jiǔ féng zhījǐ qiān bēi shǎo	酒は知己に逢えば千杯でも少なし	英 A thousand cups of wine are not too many when drinking with close friends.
推心置腹 tuī xīn zhì fù	心を開いて話す、誠意をもって人に当たる	英 treat a person with sincerity
以诚相见 yǐ chéng xiāng jiàn	誠意をもって会う	英 be honest with
喝酒 hē jiǔ	お酒を飲む	英 to drink
嫌 xián	嫌う、嫌がる	英 to hate; dislike
人际关系 rénjì guānxi	人間関係	英 human relations
深表 shēnbiǎo	真摯に表す	英 express earnestly
谢意 xièyì	感謝の気持ち、謝意	英 thankfulness; gratitude

文法解説

【重要文法のまとめ（3）】

「又／再／还」の使い分けについて
① 「又」☞また〜
A. 繰り返しが既に実現した場合
ⅰ 那个人今天又来了。　　　　　　ⅱ 昨天加班，今天又加班。
ⅲ 今天又下雨了。
B.（必ず実現されることを前提に）繰り返しが「未実現」である場合
ⅳ 真快呀，明天又是星期六了。　　ⅴ 三连休结束了，今天又要上班了。
ⅵ 我又想去旅行了。
② 「再」☞また〜
　※繰り返しがこれから行われる場合
ⅶ 对不起，你明天再来吧。　　　　ⅷ 那以后，她没再来。
ⅸ 那件事以后再说吧。
③ 「还」☞まだ、なお、さらに〜
　※未実現で引き続き行われる場合
ⅹ 你都说了几遍了，怎么还说啊？　ⅺ 我还没说够呢。
ⅻ 你还不知道吧，她也是总经理。

忠烈祠（台湾）

練習問題

A. 本文を参考にして、ピンインを中国語の簡体字になおしましょう。
1. Zhù nín shēngrì kuàilè!
2. Lái, wèi nín de jiànkāng、shìyè chénggōng, gānbēi!
3. Xièxie jīnwǎn de rèqíng kuǎndài.

B. 本文を参考に、下線の部分を入れ替えて読んでみましょう。
1. 为 _____ 干杯吧！（我们的友好　老师的身体健康）
2. 祝您 _____ 。（事业成功　工作顺利　身体健康）
3. 感谢 _____ 平时 _____ 。
   （大家／厚爱我们的产品　你们／支持我的工作）

C. 本文を参考にして、以下の単語を並び替え、正しい文章に作文してみましょう。
1. （在百忙之中　我衷心感谢　抽出时间　参加　大家　敝公司的　不成敬意的便宴）
2. （盛宴款待　承蒙　过意不去　今天　如此的　真是）
3. （我们　不仅　继续扩展　合作领域　要保持　良好的人际关系　还希望）

D. 次の日本語を中国語に訳してみましょう。
1. 私は中国の友達とのつきあいは既に10年以上になる。
   _____

2. みなさんに心からお祝い申し上げます。
   _____

3. 私が注文したマーボー豆腐が出てきました。
   _____

生日宴会 ●誕生日の祝宴

豆知識

宴席を催す場合の注意点

① こちらが主人で相手（客）をもてなす場合は、先に主客の好みの料理、酒、嫌いな料理及び誕生日、回族かどうか調べておく。もし回族ならイスラム教を信仰しているので、豚肉を使った料理はご法度。
② 宴席は個室「单间（dānjiān）」で行うが、ドアのところで主人が迎え、まずソファーなどに座りお茶を飲みながら軽く歓談。その後円卓に主客を案内し、主人の右側に座席をすすめる。
③ 主客の次に大切な客は主人の左側に、主人の次の二番手は主人の正面に座る。あとの座る順番はあまり拘らない。
④ 全員が着席したら主人が酒がつがれたのを待って杯を手に取り、歓迎の一言を述べて、まずは乾杯！　乾杯は読んで字の通り「杯を干す」の意味である。できるだけ多くの人と乾杯するのがよい。目と目を見交わしながら飲む、目上の人と杯を交わす時はその人の杯より下の部分に自分の杯を軽くあてて乾杯する。
⑤ 主人は目の前に揃った前菜を客用の菜箸（横向きに置いてある箸）で主客の皿に盛ってあげる。
⑥ 手酌酒、いわゆるマイペースで飲んではいけない。
⑦ 宴席では酔っ払ってはいけない。ビジネスが絡んだ宴席では、たとえ酔っていても相手に分からないように自分をコントロールし、最後まで気を抜かずにもてなす。
⑧ 主人は次々と運ばれて来る料理の調理法や由来などの事前情報を入手し、ユーモアたっぷりに解説する。タイミングを見て乾杯の音頭を取り、宴席を盛り上げる。
⑨ 果物が出て来たら、そろそろ「おひらき」である。

中国での招宴　座席の一例

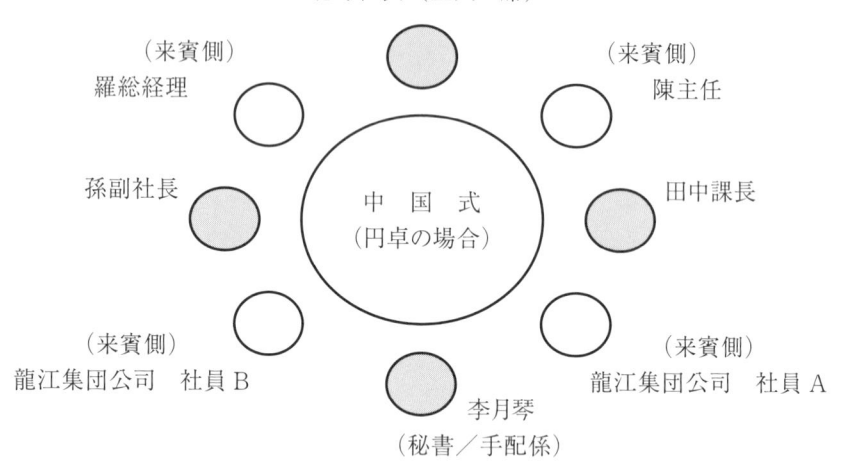

```
              ＜上座＞
         北野社長（主人の席）
    （来賓側）            （来賓側）
    羅総経理              陳主任

  孫副社長      中　国　式      田中課長
              （円卓の場合）

    （来賓側）            （来賓側）
    龍江集団公司　社員Ｂ      龍江集団公司　社員Ａ

              李月琴
           （秘書／手配係）
```

● ホスト側
○ 来賓側

中国の高級レストラン（個室）

第20课　年末下班后的望年会
Niánmò xiàbān hòu de wàngniánhuì

年末アフターファイブの忘年会

课文　20・40

田　中：总算能松一口气了，今天的工作终于完事了，
Zǒngsuàn néng sōng yìkǒuqì le, jīntiān de gōngzuò zhōngyú wánshì le,

又是周末，我说，诸位权当今年的"忘年会"，
yòu shì zhōumò, wǒ shuō, zhūwèi quándàng jīnnián de "wàngniánhuì",

一起去喝一杯，怎么样？
yìqǐ qù hē yì bēi, zěnmeyàng?

众　人：哇，太好了！田中科长请客！
Wā, tài hǎo le! Tiánzhōng kēzhǎng qǐngkè!

李月琴：好是好，不过既然是"望年会"就应该AA制，
Hǎo shì hǎo, búguò jìrán shì "wàngniánhuì" jiù yīnggāi AA zhì,

下次再让田中科长请客吧。
xiàcì zài ràng Tiánzhōng kēzhǎng qǐngkè ba.

众　人：小李可真是田中科长的"红颜知己"啊，
Xiǎo Lǐ kě zhēn shì Tiánzhōng kēzhǎng de "hóngyán zhījǐ" a,

处处为科长着想。
chùchù wèi kēzhǎng zhuóxiǎng.

169

田　中：谢谢！今天我请客，去吃日本料理，走吧！
Xièxie! Jīntiān wǒ qǐngkè, qù chī Rìběn liàolǐ, zǒu ba!

众　人：噢，科长万岁！
Ō, kēzhǎng wànsuì!

田　中：大家别客气，随便点吧。
Dàjiā bié kèqi, suíbiàn diǎn ba.

今年辛苦了，为大家的健康幸福，为明年更美好，干杯！
Jīnnián xīnkǔ le, wèi dàjiā de jiànkāng xìngfú, wèi míngnián gèng měihǎo, gānbēi!

众　人：干杯！
Gānbēi!

李月琴：田中科长你知道吗？
Tiánzhōng kēzhǎng nǐ zhīdao ma?

在中国把日本的"忘年会"说成"望年会"。
Zài Zhōngguó bǎ Rìběn de "wàngniánhuì" shuōchéng "wàngniánhuì".

田　中：是吗？"忘年"也好，"望年"也好，大家一起喝
Shì ma? "Wàng nián" yě hǎo, "wàng nián" yě hǎo, dàjiā yìqǐ hē

一杯，能轻松一下就好。请大家吃好，喝好。
yì bēi, néng qīngsōng yíxià jiù hǎo. Qǐng dàjiā chī hǎo, hē hǎo.

【日本語訳】

田　中　：やれやれ、何とか一息つける。今日もやっと仕事が終わった。それに週末だ。今年の「忘年会」を兼ねて、みんなで一緒に一杯、行こうか。

みんな　：いいですねぇ。田中課長のおごりで!

李月琴　：それもいいけど、もともと「忘年会」は割り勘であるべきだから、次回、田中課長にご馳走してもらいましょう。

みんな　：李さんは本当に田中課長と「友達以上恋人未満の関係」みたいに仲がいいね。課長のためにいろいろ考えているんだね。

田　中　：ありがとう! 今日は僕がご馳走するから、日本料理を食べに行こう! さぁ、行くぞ!

みんな　：わぁ、課長万歳!

田　中　：みんな遠慮しないで、自由に注文してくれ。今年はお疲れ様でした! みんなの健康と幸せを祈り、来年がもっとよい年になるように、乾杯!

みんな　：乾杯!

李月琴　：田中課長、ご存知ですか? 中国では日本の「忘年会」を「望年会」と言うのです。

田　中　：そうなの? 「忘年」もいいし、「望年」でもいい。みんなで一緒に一杯飲んでリラックスできれば、それでいいよ。みんな、よく食べて、よく飲んでくれ。

新出単語／重要語句

松气 sōngqì	気を緩める、リラックスする	to relax
一口气 yìkǒuqì	一息	to take a short rest
终于 zhōngyú	ついに、とうとう	finally
周末 zhōumò	週末	weekend
权当 quándàng	〜と思えばよい	to consider
忘年会 wàngniánhuì	忘年会	year-end party
望年会 wàngniánhuì	望年会（来年を望む会）	year-end party
既然〜就 jìrán〜jiù	〜したからには、〜である以上	since; now that
红颜知己 hóngyán zhījǐ	友達以上恋人未満	to have a soft spot for someone
处处 chùchù	いろいろ、あれこれ	various
着想 zhuóxiǎng	考える、〜のためを思う	to consider
万岁 wànsuì	万歳	cheer
随便 suíbiàn	気軽である、自由である	to feel free to do
辛苦 xīnkǔ	辛い、苦労する、骨が折れる	hard; painstaking

文法解説

【重要文法のまとめ（4）前置詞】

常用前置詞一覧

在	［動作・行為が行われた場所・時点］ ～で　～に　～において	你弟弟在哪儿工作？ 他在6岁时就会说英语。
和	［動作の対象・相手］ ～と	他和我谈话了。 小李和田中去旅行了。
同	［動作の対象・相手］ （文章語に多用）～と	我想同大家做朋友。
対	［動作の対象］ ～に対して　～に　～について	你要对大家负责。 我对这个问题不发表意见。
就	［動作の対象や範囲］ ～について　～に基づいて	咱们应该就事论事。 大家就这个问题发表了不少意见。
到	［到達地点・時点］ ～まで　～までに　～に	他到公司来找我。 会议到几点结束？
比	［比較の対象・基準］　～より	他比我大一点儿。
从	［出発点・出所］ ～から　～より　～を	他从北方来。 工作从几点开始？
离	［空間的・時間的の隔たり］ ～から　～までに	邮局离银行不太远。 离春节还有一个多月。
由	①［起点・経路］　～から ②［由来・出所・成分・材料］ 　　～から　～によって　～より ③［原因］　～によって ④［行為の主体］　～が　～によって	①一架飞机由北向南飞去。 ②盐是由海水提炼而成的。 ③这个事故是由不注意引起的。 ④下面由王科长来介绍一下情况。
往	［移動方向］　～に向かって　～へ	她们往东边去了。
朝	［動作の方向・対象］ ～に向いて　～に向かって	他朝我点头。
向	［動作の方向・対象］ ～に向かって　～に　～へ	我爱人向你问好。 这个问题还是向老师请教吧。

对于	[対象] ～に対して ～に関して	对于这个问题你要认真对待。
关于	[関わりの対象] ～に関して ～について	关于这方面的问题还是以后再说吧。
用	[方法・手段・材料など] ～で ～を用いて	用信用卡付款。 用两个小时就能写好。 用钢筋建筑的大楼。
把	[処置の対象] ～を	我把工作做完了。
将	[処置の対象]（文章語に多用）～を	你要将此事说明白。
按	[基準に沿う] ～に基づき	按男女分组。
按照	[基準に照らして] ～に照らして ～に基づき	按照有关政策办吧。
被	[受身の文で行為者を導く] ～に ～から ～によって	自行车被老王借走了。 那本书被翻译成中文了。
让	[受身・使役の文で行為者を導く] ～に ～から ～によって	电脑让弟弟拿走了。 科长让我们加班。
叫	[受身・使役の文で行為者を導く] ～に ～から ～によって	帽子叫风吹跑了。 他叫我们带词典。
给	① [授与の対象・相手] ～に ② [受身の文で行為者を導く] 　～に ～から ～によって	①我给朋友打个电话。 ②妹妹给妈妈说了。
据	[判断の根拠] ～によれば ～によって	据电视介绍这种商品十分畅销。
根据	[判断の根拠] ～によれば ～によって	根据董事会的意见决定。
为	① [受益の対象] ～のために ～に ② [目的] ～を ～のために ③ [原因・理由] ～のために ～で	①为公司的发展干杯！ ②为实现自己理想而努力。 ③别为一点儿小事生气。
为了	① [受益の対象] ～のために ～に ② [原因・理由] ～のために ～で	①为了妈妈什么都可以做。 ②她们为了工作吵架。
由于	[原因・理由] ～によって ～で	由于气候的原因，飞机不能起飞。
因为	[原因・理由] ～によって ～で	因为人太多，我没能跟他说话。

練習問題

A. 本文を参考にして、ピンインを中国語の簡体字になおしましょう。
1. Jīntiān wǒ qǐngkè, zǒu ba!
2. Nǐ bié kèqi, suíbiàn diǎn ba.
3. Jīnnián nǐmen xīnkǔ le!

B. 本文を参考に、下線の部分を入れ替えて読んでみましょう。
1. 一起去 ＿＿＿＿＿＿，怎么样？(买东西　参观工厂　看京剧　海外旅游)
2. 大家别客气，＿＿＿＿＿＿。(多吃点吧　多喝点吧　拿回去吧)
3. ＿＿＿＿＿＿ 也好，＿＿＿＿＿＿ 也好，我们一起过得愉快就好。
   (吃饭／喝酒　唱歌／看电影)

C. 本文を参考にして、以下の単語を並び替え、正しい文章に作文してみましょう。
1. (终于　完事了　工作　今天的)
2. (应该　AA制　我们　今天)
3. (把　日本的"望年会"　在中国　说成"忘年会")

D. 次の日本語を中国語に訳してみましょう。
1. 次回は私にご馳走させて下さい。
   ＿＿＿＿＿＿＿＿＿＿＿＿＿＿＿＿＿＿＿＿＿＿＿＿＿＿＿

2. リラックスできればいいです。
   ＿＿＿＿＿＿＿＿＿＿＿＿＿＿＿＿＿＿＿＿＿＿＿＿＿＿＿

3. 歌を歌うのもいいし、踊るのもいい。
   ＿＿＿＿＿＿＿＿＿＿＿＿＿＿＿＿＿＿＿＿＿＿＿＿＿＿＿

年末下班后的望年会 ● 年末アフターファイブの忘年会

豆知識

中国の方言について

　広大な国土を有する中国には多くの方言が存在する。北京語以外のその他の言語は概ね8種類に分けられるという。声調も北京語では4声だが、上海語では5声、広東語は6声（※）など、声調の数も異なる。中でも、上海語（呉語）、福建語（閩語）、広東語（粤語）、晋語（山西）は中国の方言の主流をなし、その方言の使用人口は中国国内にとどまらない。昔から、上海、福建、広東といった沿海部の発展地域は、海外への移民を数多く送り出した華僑の故郷「僑郷」といわれており、また、それらの方言グループを「帮（パン）」と呼んでいる。
（※広東語は一般的な表記は6声調で示されることが多い。入声を含めて9声と言われることもある。）

中国の方言と主な使用地域

方言	主な使用地域	方言	主な使用地域	方言	主な使用地域
晋語	山西	閩語	福建、海南、台湾	贛語	江西
呉語	江蘇、浙江、上海地域	粤語	広東	湘語	湖南
徽語	安徽	客家話	広東、広西と福建の一部のエリア、台湾		

広東語らしい表現の例（「普通話」との比較）

広東語	普通話（標準中国語）
真係唔該晒！――唔使。	太感谢了！――不用谢！
你買乜嘢？	你买什么东西？
我走先。	我先走。
係噉先啦。	就这样吧。
畀心機學嘢啦！	努力学习吧！
唔該畀(一)本書我。	请给我一本书。
你食咗飯未呀？	你吃饭了吗？
我哋一齋傾生意啦！	我们一起谈生意吧！
你每日幾點鐘返工呀？	你每天几点上班？
你中唔中意食廣東菜？	你喜欢不喜欢吃广东菜？

第20課

巻末資料

中国語についての基礎知識 178
中国語の発音 183
仕事で役立つ用語集（理系編）..188
仕事で役立つ用語集（文系編）..194
世界各国の通貨 200
世界の企業 202
中国語における色に関する表現 205
数字に関連した中国語の「熟語」表現 208
度量衡 211
中国歴史年表一覧 212

中国語についての基礎知識

発音の仕組み

　中国語は発音をクリアしたら、半分成功したと言えるほど、発音がとても大事です。中国語の発音は、母音（韻母）または子音（声母）プラス母音からなる音節の上に、一定の抑揚がある声調（四声）を加えたもので、すべての音節は意味を持っています。原則として中国語は1文字が1「音節」となります。日本語と違って「声調言語」とも言われるほど、声調によって意味が変わりますので、声調も大変重要です。音節には36の母音からなる音節、21の子音と36の母音の組み合わせからなる音節の二通りあります。合計400以上の音節があります。その上に、声調を加えると、中国語には約1400通りの発音があることになります。

【声調】　第1声から第4声まで4種類があり、「四声」とも言う

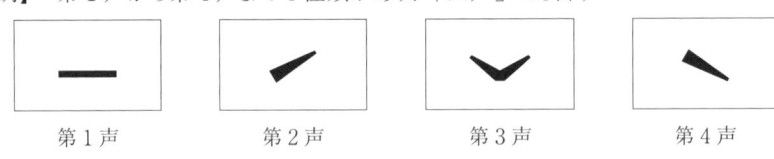

　　　第1声　　　　第2声　　　　第3声　　　　第4声

【軽声】　前の音節に添えられて、声調符号の表示がなく、軽く短く発音される

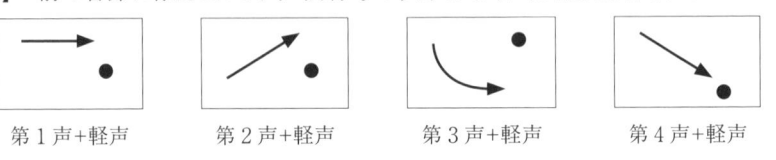

　　　第1声+軽声　　第2声+軽声　　第3声+軽声　　第4声+軽声

　このように、日本語には無い発音やさらに日本語に無い声調もあり、一つ一つの文字（漢字）をしっかり正確に発音しないと通じません。先ず、中国語の発音に慣れることからスタートしましょう。

　下記3つの要素が揃って、はじめて中国語の発音ができます。

①声　　調	ー　　／ 第一声　第二声	ー　　／ 第一声　第二声	音節内部の高低アクセントを表す
②ピンイン（拼音）	zhong guo	zhong hua	中国語の発音を表す
③漢字（簡体字）	中　　国	中　　华	現在、中国で使用されている文字

【学習上のポイント】声調によって単語の意味が異なります。

qiān	qián	qiǎn	qiàn		mǎi	mài		nà	nǎ
千	钱	浅	欠	／	买	卖	／	那	哪
（千）	（銭）	（浅い）	（欠く）		（買う）	（売る）	（それ・あれ／その・あの）		（どれ／どの）

xìng mìng	xìng míng		jiàn miàn	jiǎn miǎn
性 命	姓 名	／	见 面	减 免
（性命）	（姓名）		（会う）	（減免する）

文法の特徴
○動詞中心主義
　語順は英語と似ており「S + V + O」型で、動詞いわゆる述語を目的語の前に、否定も述語の前に置きます。述語には、前に「状語」（連用修飾）だけでなく、後ろに「補語」（補足する語）を置くことが非常に多いです。「補語」の勉強は中国語を学ぶ上で一つの重要なポイントです。

○述語にテンス（時制）がない
　時間詞・文の前後の流れなどを用いて、テンス（時制）を表したり、判断したりします。
①形容詞
　　昨天很热。　　　　　　　（昨日は暑かった。）
　　今天也很热。　　　　　　（今日も暑い。）
　　明天热吗？　　　　　　　（明日は暑いですか。）
　　历史上最辉煌的时代。　　（歴史上最も輝かしい時代。）
　　美丽的城市。　　　　　　（美しい都市。）
②動詞
　　来的时候给我打个电话。　（来るとき、ちょっと電話をください。）
　　你买的书在哪儿？　　　　（あなたが買った本はどこにありますか。）
　　我在家看书呢。　　　　　（家で本を読んでいます。）

○格変化がない
　中国語は「孤立語」で、格による人称・数量・性・時制などの語形変化はありません。前後の文脈や語順によって判断したり、「介词」（前置詞）を用いたり、それぞれの意味を表す語彙などを文法のルールに従って表現します。

○敬語の体系がない
　敬語の表現が些か存在しますが、敬語の体系はありません。中国語を日本語に翻訳する場合、状況に応じて訳しましょう。

○性差による言葉遣いの区別がない
　男言葉と女言葉の区別がありません。中国語を日本語に訳す場合は、状況によって男女の言葉遣いに注意しましょう。

【学習上のポイント】語順によって文の意味が異なります。
吃炒饭（チャーハンを食べる。）
炒饭吃（ご飯を炒めて食べる。）
我给她买礼物（私は彼女にプレゼントを買ってあげる。）
她给我买礼物（彼女は私にプレゼントを買ってくれる。）
坐车去（車で行く。）
去坐车（車に乗りに行く。）
说好话（お世辞を言う。）
好说话（頼みやすい、気さくである、お人よし）
话好说（話しやすい。話をすることはたやすい。）

中国語の辞書について
○中国語辞書の使い方
1. 発音が分かっている場合
　例えば「中国（Zhōngguó）」という単語を調べたい場合、「zhōng（第1声）」をアルファベットを頼りに「zhong」のページを探します。「zhong」という音の漢字が四声の順に並んでいます。第1声の「中（zhong）」を探し出したら、この漢字を使った単語がピンインのアルファベット順に並んでいます。
2. 発音が分からない場合
　例えば、「汉语」の「汉」の偏（へん）の画数を数えます。「さんずい偏」は三画なので、部首索引の三画のところを見て、「さんずい偏」のページを探します。それから、旁（つくり）の画数を数えます。「さんずい偏」の漢字が旁の画数順に並んでいます。「汉」の旁だけを数えると二画ですので、そのあたりのページを探します。

○辞書の選び方

　入門段階では、「中日辞書」が先ず必要になります。作文や会話練習など多くの表現を学習する際には、「日中辞典」があったほうが便利です。以下、いくつか紹介します。

①初級者向け：　　　『はじめての中国語学習辞典』（朝日出版社）　相原茂編
　　　　　　　　　　見出し語 11,000 語。発音 CD 付き。コンパクトサイズ。
②初・中級者向け：『東方中国語辞典』（東方書店）　相原茂ほか主編
　　　　　　　　　　漢字とピンインの索引、日本語での音訓による索引があり、使いやすい。例文も多く、類義語の微妙な使い分けの文法解説やコラム欄が充実している。2 色印刷で読みやすい。
③初〜上級者向け：『中国語辞典』（白水社）　伊地智善継編
　　　　　　　　　　親字約 11,000、見出し語約 65,000 語、用例約 11 万。中国語を学ぶ幅広い層の学習者を対象とした辞書。
④中・上級者向け：『中国語文法用例辞典』（東方書店）　呂叔湘主編
　　　　　　　　　　取り上げている語彙数は普通の辞書より少ないが、一つ一つの単語についての解説が詳しい。文法解説も分かりやすい。
⑤中・上級者向け：『中日大辞典』（大修館書店）　愛知大学中日大辞典編纂所編
　　　　　　　　　　簡体字だけでなく、繁体字、異体字も収載されており、親字だけでも 14,000 語。

中国語と日本語の比較

比較項目	中国語	日本語
言語の類型	孤立語	膠着語
表記	漢字（簡体字と繁体字） 表記の種類は単一	漢字（常用漢字）・平仮名・片仮名・ローマ字 表記の種類は多様
語順	S+V+O　述語中心 否定表現は述語の前に 語順が非常に重要	S+O+V　目的語先行 否定表現を文末に置く 語順は比較的自由
主語	主語を明確に表現するほうが丁寧	主語を省略することが多い

補語	数量補語、状態補語、程度補語、結果補語、方向補語、可能補語など補語が非常に発達し、多用される	「補語」という用語は用いられていないが、実際には補語的な用法が存在している。 ・暑くてたまらない ・歯が痛くていてもたってもいられない ・こう寒くてはかなわない
敬語、謙譲語	日常会話ではあまり用いられない	日常会話にもよく使われ、非常に重要視されている表現
男女の言葉遣いの違い	はっきり見られない	あり
動詞	多様的（区別が複雑） 活用形がない	動詞を修飾する連用修飾語で多様性を補う活用形がある
助数詞	非常に多く用いられる 指示詞+(数詞)助数詞+名詞 这本书　　那个人 哪位客人	中国語と比べて少ない 指示詞+名詞 この本　あの人 どちらのお客様
構造助詞「的」と「の」	形容詞+的+名詞 新的书　　新书 干净的房间 一文字形容詞の場合は「的」を省略可、二文字の場合は省略しない 動詞+的+名詞 买的书 名詞+的+名詞 他的词典 我们公司 人称代名詞の後に親族・友人・所属などの関係を表す名詞の場合は一般に「的」を省略する	形容詞連体形+名詞 新しい本 清潔な部屋 動詞連体形+名詞 買った（買う）本 名詞+の+名詞 彼の辞書 私たちの会社 固有名詞以外「の」を省略しない
時制（テンス）	不明確。時間詞・前後の言葉で判断することが多い	厳密で、形容詞・動詞の語尾に変化が起る
声調	声調によって意味が変わるので重要	高低のイントネーションのみ あまり厳しくない（基本的に中国語のような声調はない）

（注）本書で扱う中国語については、主に中国で使用されている「簡体字」で表記する。
（台湾、香港、世界各地のチャイナタウン等では「繁体字」が使われている。）

中国語の発音（ダイジェスト版）

1. 声調　🎧 41

中国語の発音は、21の子音と6つの単母音を中心に構成されている。中国語の音節は、2種類に分かれ、すべての音節には声調（四声）があり、声調の違いによって意味も変わってくる。

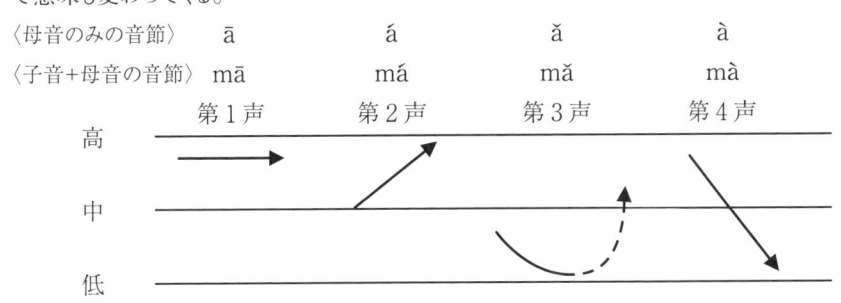

〈母音のみの音節〉　　　ā　　　　　á　　　　　ǎ　　　　　à
〈子音＋母音の音節〉　mā　　　　má　　　　mǎ　　　　mà
　　　　　　　　　　第1声　　　第2声　　　第3声　　　第4声

第1声：高く平らにのばす。
第2声：自然な高さから一気に上げる。
第3声：低く抑える（低く抑えた後、力を抜くと自然に音が抜ける時に上がる）。
第4声：尻下がりに一気におとす。

bāo	báo	bǎo	bào		tāng	táng	tǎng	tàng
包	薄	宝	报		汤	唐	躺	趟

2. 軽声　🎧 42

前の音節に付属的について、軽く発音される音。一般に声調記号が記されていない。軽声の高さは、その前の声調が第何声であるかによって決まる。

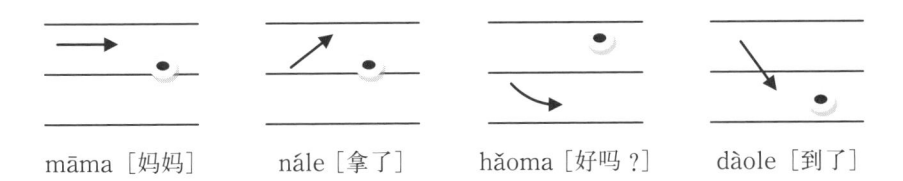

māma［妈妈］　　nále［拿了］　　hǎoma［好吗？］　　dàole［到了］

3. 単母音／単韻母（6個） 🎧 43

　　　a　　　o　　　e　　　i　　　u　　　ü
　　　　　　　　　　　　　　(yi)　(wu)　(yu)

※（　）の表記は、一般に単独で音節をなす綴り方

　　　yī　　　wǔ　　　yú
　　　一　　　五　　　鱼

a：日本語の「ア」より口を大きく開く。
o：日本語の「オ」より口の形を丸くして前に突き出す。
e：日本語の「エ」の口の形で喉の奥で「オ」を発音する。
i：日本語の「イ」より唇を左右に引いて鋭く発音する。
u：日本語の「ウ」より唇を丸く前に突き出して発音する。
u：日本語の「ユ」の形をして「イ」を発音する。

4. そり舌母音（特殊母音）（1個） 🎧 44

er：あいまい音の「e」を発音しながら、舌先を巻くように上にそらす。そり舌母音。

5. 複母音／複韻母（13個） 🎧 45

複母音とは、母音が2つ以上連続しているものをいう。
前の母音から後ろの母音へなめらかに自然に発音する。

　　　ai　　　ei　　　ao　　　ou

　　　ia　　　ie　　　ua　　　uo　　　ue
　　(ya)　(ye)　(wa)　(wo)　(yue)

　　　iao　　　iou　　　uai　　　uei
　　(yao)　(you)　(wai)　(wei)

※「iou」「uei」は「o」や「e」が聞こえないことがあり、表記上も省略して綴る。

　　　liòu　⇒　liù　「六」　　　jiòu　⇒　jiù　「就」
　　　huèi　⇒　huì　「会」　　　shuéi　⇒　shuí　「谁」

6. 鼻母音／鼻韻母（16個） 🎧 46

※鼻音 n、ng を伴う母音
前鼻音：母音+n　舌の先を上の歯ぐきの裏につけて発音する。

　　　　　　　　　　　　　　　　⇒　アンナイ（案内）のアン
　　　中国語も「-n」で終わる　=　日本語が「－ン」で終わる
　　　心 xīn　シン　／　欢 huān　カン

奥鼻音：母音+ng　舌の先をどこにもつけずに、息を鼻から抜くようにして発音する。

　　　　　　　　　　　　　　　　⇒　アンガイ（案外）のアン
　　　中国語が「-ng」で終わる　=　日本語は「ウ」や「イ」で終わる
　　　迎 yíng　ゲイ　／　唐 táng　トウ

　　an － ang　　　　　　　　en － eng
　　in (yin) － ing (ying)　　　　ian (yan) － iang (yang)
　　uan (wan) － uang (wang)　　uen (wen) － ueng (weng)
　　üan (yuan)　　ün (yun)　　　ong　　iong (yong)
　　※「uen」の前に子音がつく時は、eを省略する。　cuen ⇒ cūn（村）

7. 子音／声母（21個） 🎧 47

子音は21個ある。子音は単独で音節を構成することが出来ない。必ず母音と一緒に（母音の前に）用いられる。発音方法と調音方法によって、次のようになる。

発音方法　　　　　調音場所		破裂音		鼻音	破擦音		摩擦音		側面音
		無声無気	無声有気	有声	無声無気	無声有気	無声	有声	有声
唇音	両唇音　上下の唇	b(o)	p(o)	m(o)					
	唇歯音　上歯と下唇						f(o)		
舌尖音	歯茎と舌尖	d(e)	t(e)	n(e)					l(e)
舌根音	軟口蓋と舌面後部	g(e)	k(e)				h(e)		
舌面音	硬口蓋と舌面前部				j(i)	q(i)	x(i)		
捲舌音	硬口蓋前部と舌尖				zh(i)	ch(i)	sh(i)	r(i)	
舌歯音	上歯の裏と舌端				z(i)	c(i)	s(i)		

185

8. r（儿）化／アール化　🎧 48

音節末に舌先を巻き上げてrと発音する現象を「r化」と呼ぶ。漢字の簡体表記は"儿"で、繁体字表記は"兒"である。名詞・文末助詞・構造助詞に最も多く現れる。

　　　花儿（huār）　　　鸟儿（niǎor）　　　小孩儿（xiǎoháir）　　　玩儿（wánr）

9. 声調変化　🎧 49

①第3声の声調変化

第3声の音節が続いた時は、前の第3声は第2声に変わるが、声調は第3声のままと表示する。

　　〈表記〉　　〈実際の発音〉　　　　　　〈表記〉　　　〈実際の発音〉
　　Nǐ hǎo　→　Ní hǎo　　　　　　　Wǒ hěn hǎo　→　Wó hén hǎo
　　你　好　→　Ní hǎo　　　　　　　我　很　好　→　Wó hén hǎo

第3声の後に第1声、第2声、第3声が続いた時は、前の第3声は「半3声」と発音する。

　　　wǒ chī（我吃）　　　wǒ lái（我来）　　　wǒ qù（我去）

②不（bù）の声調変化

「不」は普通第4声と発音するが、後に第4声が続くとそれが第2声に変わる。

　　【通常】　　　bù duō（不多）　　　bù lái（不来）　　　bù hǎo（不好）
　　【変調後】　　bú huì（不会）　　　bú qù（不去）　　　bú shì（不是）

③一（yī）の声調変化

「一」の直後に第1、第2、第3声が続く場合は、第4声で発音される。

　　　yìbān（一般）　　　yìzhí（一直）　　　yìdiǎn（一点）

「一」の直後に第4声が続く場合は、第2声で発音される。

　　　yídìng（一定）　　　yígòng（一共）　　　yí ge（一个）

「一」は単独で用いられる場合、序数として用いられた場合、末尾に位置している場合は、第1声に発音される。

　　　dì yī kè（第一课）　　　yīyuè（一月）　　　yī hào（一号）　　　sānshiyī（三十一）

10. 音節の構造

声　母 （頭子音）	韻　母			音　節
	介音	主母音	尾音	
		a		ā （啊）
d		a		dǎ （打）
d	i	e		diē （爹）
d		a	n	dàn （淡）
d	i	a	o	diào （调）

上海近郊の水郷の町

静かな佇まいの楓涇古鎮

仕事で役立つ用語集（理系編）

分野	日本語	英語	中国語	ピンイン（発音）
工学	アルゴリズム	algorithm	算法	suànfǎ
工学	アクセサリ	accessory	附件	fùjiàn
工学	アクセス	access	上网	shàngwǎng
工学	アナログ	analog	模拟	mónǐ
工学	アップデート	update	更新	gēngxīn
工学	アニメーション	animation	动画	dònghuà
工学	暗号	code	密码	mìmǎ
工学	アンテナ	antenna	天线	tiānxiàn
工学	インターフェイス	interface	接口	jiēkǒu
工学	液晶	liquid crystal	液晶	yèjīng
工学	エラー	error	错误／过失	cuòwù／guòshī
工学	エンジン	engine	发动机	fādòngjī
工学	解像度	high resolution	分辨率	fēnbiànlǜ
工学	画像	image	图像	túxiàng
工学	画像識別	pattern recognition	图像识别	túxiàng shíbié
工学	画素	pixel	像素	xiàngsù
工学	関数	function	函数	hánshù
工学	乾電池	dry-cell battery	干电池	gāndiànchí
工学	記憶媒体	memory stick／memory card	记忆棒／记忆卡	jìyìbàng／jìyìkǎ
工学	キーボード	keyboard	键盘	jiànpán
工学	規格	standard	标准	biāozhǔn
工学	軌跡	path	轨迹	guǐjì
工学	供給	supply	供给／供应	gōngjǐ／gōngyìng
工学	クラウド	cloud computing	云计算	yúnjìsuàn
工学	駆動	drive	驱动	qūdòng
工学	組立て	assembly	组装	zǔzhuāng
工学	検査	inspection	检查	jiǎnchá
工学	コンピュータ	computer	电脑／计算机	diànnǎo／jìsuànjī
工学	コンバータ	converter	转换器	zhuǎnhuànqì
工学	コンベア	conveyor	传送带	chuánsòngdài
工学	サーバ	server	服务器	fúwùqì
工学	周波数	frequency	频率	pínlǜ

分野	日本語	英語	中国語	ピンイン（発音）
工学	集積回路	integrated circuit	集成电路	jíchéng diànlù
工学	初期化	initialization／formatting	初始化	chūshǐhuà
工学	受信	reception／receiving	接收／收信	jiēshōu／shōuxìn
工学	情報	information	信息	xìnxī
工学	信号	signal	信号	xìnhào
工学	スイッチ	switch	开关	kāiguān
工学	隙間	gap／clearance	间隙	jiànxì
工学	スクリーン	screen	屏幕	píngmù
工学	ストロボ	strobe	闪光灯	shǎnguāngdēng
工学	スペック／規格	specification	规格	guīgé
工学	スマートフォン	smartphone	智能手机	zhìnéng shǒujī
工学	送信	sending	发信	fāxìn
工学	装置	device	装置	zhuāngzhì
工学	装着	mount	安装	ānzhuāng
工学	接続	connect	连接	liánjiē
工学	センサー	sensor	传感器	chuángǎnqì
工学	制御	control	控制	kòngzhì
工学	ソフト	software	软件	ruǎnjiàn
工学	タイヤ	wheel	轮胎	lúntāi
工学	タブレット	tablet	平板电脑	píngbǎn diànnǎo
工学	端末／端子	terminal	终端／端子	zhōngduān／duānzi
工学	蓄電池	rechargeable battery	蓄电池	xùdiànchí
工学	チップ	chip	芯片	xīnpiàn
工学	チューナ	tuner	调谐器	tiáoxiéqì
工学	データ	data	数据	shùjù
工学	ディスク	disk	光盘	guāngpán
工学	DVDレコーダー	DVD recorder	刻录机	kèlùjī
工学	ディレクトリ	directory	目录	mùlù
工学	デジタル	digital	数字／数码	shùzì／shùmǎ
工学	デジタルカメラ	digital camera	数码相机	shùmǎ xiàngjī
工学	デコード	decode	解码	jiěmǎ
工学	電圧	voltage	电压	diànyā

分野	日本語	英語	中国語	ピンイン（発音）
工学	電気回路	circuit	电路	diànlù
工学	電極	electrode	电极	diànjí
工学	塗装	paint	喷漆	pēn qī
工学	特許（総称）	patent	专利	zhuānlì
工学	ドライブ	drive	驱动器	qūdòngqì
工学	トラック	track	轨道／跑道	guǐdào ／ pǎodào
工学	ネジ	screw	螺钉	luódīng
工学	熱抵抗	thermal resistance	热电阻	rèdiànzǔ
工学	ネットワーク	network	网络	wǎngluò
工学	燃料電池	fuel cell	燃料电池	ránliào diànchí
工学	バー	bar	条杠／横竿	tiáogāng ／ hénggān
工学	ハードウェア	hardware	硬件	yìngjiàn
工学	ハイテク	high technology	高科技	gāokējì
工学	バイト	byte	字节／信息组	zìjié ／ xìnxīzǔ
工学	バグ	bug	漏洞	lòudòng
工学	パケット	packet	包	bāo
工学	バネ	spring	弹簧	tánhuáng
工学	パネル	panel	面板	miànbǎn
工学	パラメータ	parameter	参数	cānshù
工学	パルス	pulse	脉冲	màichōng
工学	番組	program	节目	jiémù
工学	ビット	bit	位／比特	wèi ／ bǐtè
工学	表示	display	显示	xiǎnshì
工学	フィルター	optical filter	滤光器	lǜguāngqì
工学	フォーカス	focus	聚焦	jùjiāo
工学	フォーマット	format	格式	géshì
工学	部品	parts	零部件	língbùjiàn
工学	ブルーレイ	Blu-ray	蓝光	lánguāng
工学	プレーヤー	player	播放机	bōfàngjī
工学	プレス	stamping	冲压	chòngyā
工学	マイコン	microcomputer	微型计算机	wēixíng jìsuànjī
工学	メモリーカード	memory card	存储卡	cúnchǔkǎ
工学	モータ	motor	马达	mǎdá

分野	日本語	英語	中国語	ピンイン（発音）
工学	モード	mode	模式	móshì
工学	モデル	model	模型	móxíng
工学	溶接	welding	焊接	hànjiē
工学	リセット	reset	重新设定	chóngxīn shèdìng
工学	リモコン	remote control	遥控器	yáokòngqì
工学	レバー	lever	杆／控制杆	gān／kòngzhìgān
工学	レーダー	radar	雷达	léidá
工学	ロード	load	加载	jiāzǎi
工学	ロボット	robot	机器人	jīqìrén
環境	赤潮	red tide	红潮	hóngcháo
環境	エンジニアリング	engineering	工程	gōngchéng
環境	大気汚染	air pollution	空气污染	kōngqì wūrǎn
環境	汚水	effluent	污水	wūshuǐ
環境	オゾン層	ozone layer	臭氧层	chòuyǎngcéng
環境	温室効果	greenhouse effect	温室效应	wēnshì xiàoyìng
環境	環境保護	environment protection	环境保护／环保	huánjìng bǎohù／huánbǎo
環境	干ばつ	drought	干旱	gānhàn
環境	原子力発電所	nuclear power plants	核电站	hédiànzhàn
環境	酸性雨	acid rain	酸雨	suānyǔ
環境	省エネルギー	energy conservation	节能	jiénéng
環境	省資源	resource conservation	节源	jiéyuán
環境	水質汚濁	water pollution	水污染	shuǐwūrǎn
環境	ダイオキシン	dioxin	二恶英	èr'èyīng
環境	天然ガス	natural gas	天然气	tiānránqì
環境	土壌汚染	soil contamination	土壤污染	tǔrǎng wūrǎn
環境	排出量	emission load	排放量	páifàngliàng
環境	ハイブリッドカー	hybrid car	混合动力车	hùnhé dònglìchē
環境	フィードバック	feedback	反馈	fǎnkuì
環境	プラズマ	plasma	等离子	děnglízǐ
環境	レアメタル	rare-earth metals	稀土金属	xītǔ jīnshǔ
医療	アレルギー	allergy	过敏	guòmǐn
医療	エイズ	AIDS	艾滋病	àizībìng
医療	エコー	echo	B超	B chāo

分野	日本語	英語	中国語	ピンイン（発音）
医療	嘔吐	vomit	呕吐	ǒutù
医療	潰瘍	ulcer	溃疡	kuìyáng
医療	化学療法	chemotherapy	化疗	huàliáo
医療	癌（がん）	cancer	癌	ái
医療	痙攣	spasms	痉挛	jìngluán
医療	検尿	urine detection	尿检	niàojiǎn
医療	眩暈、めまい	dizzy	眩晕	xuànyùn
医療	高血圧	high blood pressure	高血压	gāoxuèyā
医療	採血	blood test	验血	yànxuè
医療	痔（じ）	hemorrhoids	痔疮	zhìchuāng
医療	処方	prescription	处方	chǔfāng
医療	咳（せき）	cough	咳嗽	késou
医療	喘息	asthma	哮喘	xiàochuǎn
医療	低血圧	low blood pressure	低血压	dīxuèyā
医療	点滴	drip infusion	点滴	diǎndī
医療	糖尿病	diabetes	糖尿病	tángniàobìng
医療	吐き気、むかつき	nausea	恶心	ěxin
医療	副作用	side effect	副作用	fùzuòyòng
医療	放射線治療	radiotherapy	放射治疗	fàngshèzhìliáo
医療	耳鳴り	tinnitus	耳鸣	ěrmíng
医療	レントゲン	X-ray	X线	X xiàn
化学	アルミニウム Al	aluminum	铝	lǚ
化学	アンモニア NH$_3$	ammonia	氨	ān
化学	ウレタン	urethane	氨基甲酸酯	ānjīijiǎsuānzhǐ
化学	カリウム K	kalium	钾	jiǎ
化学	ケイ素 Si	silicon	硅	guī
化学	酸素 O	oxygen	氧	yǎng
化学	樹脂	resin	树脂	shùzhī
化学	水素 H	hydrogen	氢	qīng
化学	銅 Cu	copper	铜	tóng
化学	ナトリウム Na	sodium	钠	nà
化学	二酸化炭素 CO$_2$	carbon dioxide	二氧化碳	èryǎnghuàtàn
化学	フッ素 F	fluorine	氟	fú
化学	ポリエステル	polyester	聚酯	jùzhǐ
化学	リチウム Li	lithium	锂	lǐ

分野	日本語	英語	中国語	ピンイン（発音）
繊維アパレル	アクリル	acrylic	丙烯	bǐngxī
繊維アパレル	麻	linen	麻	má
繊維アパレル	糸番手	yarn count	纱支	shāzhī
繊維アパレル	色褪せ	fading colour	褪色	tuìshǎi
繊維アパレル	色にじみ	spread colour	色化斑	sèhuàbān
繊維アパレル	色むら	difference in colour	色差	sèchā
繊維アパレル	裏地	lining	里布	lǐbù
繊維アパレル	延反	spreading	拉布	lābù
繊維アパレル	かがり縫い	overcastting	锁边缝／包边缝	suǒbiānféng／bāobiānféng
繊維アパレル	飾り縫い	decorative stitch	花式缝	huāshìféng
繊維アパレル	仮縫い	basting	粗缝／假缝	cūféng／jiǎféng
繊維アパレル	生地（きじ）	fabric	面料	miànliào
繊維アパレル	絹、シルク	silk	丝绸	sīchóu
繊維アパレル	ゲージ	gauge	针数	zhēnshù
繊維アパレル	原反	fabric roll	布匹	bùpǐ
繊維アパレル	堅牢度	fastness	牢度	láodù
繊維アパレル	裁断	draping	裁剪	cáijiǎn
繊維アパレル	芯地	interlining	衬布	chènbù
繊維アパレル	接着芯	fusible interlining	粘合衬	niánhéchèn
繊維アパレル	染色	colour	染色	rǎnsè
繊維アパレル	耐水	water resist	耐水	nàishuǐ
繊維アパレル	タグ	tag	标签／吊牌	biāoqiān／diàopái
繊維アパレル	デニム	denim	牛仔布	niúzǎibù
繊維アパレル	ナイロン	nylon	尼龙	nílóng
繊維アパレル	ニット	knit	针织	zhēnzhī
繊維アパレル	ピッチ	pitch	节距	jiéjù
繊維アパレル	ビニール	vinyl	乙烯基	yǐxījī
繊維アパレル	布帛（ふはく）	fabric garment	布料	bùliào
繊維アパレル	ファスナー	zipper	拉链	lālián
繊維アパレル	ブリーチ	bleaching	漂白	piāobái
繊維アパレル	プリント	printing	印花	yìnhuā
繊維アパレル	防水	water proof	防水	fángshuǐ
繊維アパレル	目飛び（縫製）	skipped stitch	跳缝	tiàoféng
繊維アパレル	レーヨン	rayon	人造丝	rénzàosī

仕事で役立つ用語集（文系編）

分野	日本語	英語	中国語	ピンイン（発音）
総合	インフラ	infrastructure	社会基础设施	shèhuì jīchǔ shèshī
総合	オンラインサービス	on-line service	在线服务	zàixiàn fúwù
総合	終身雇用	permanent employment	终身雇用	zhōngshēngùyòng
総合	年功序列	seniority system	论资排辈	lùn zī pái bèi
総合	リストラ	downsizing／restructuring	裁员／公司重组	cáiyuán／gōngsī chóngzǔ
総合	レイオフ	layoff	下岗	xiàgǎng
取引	F.O.B 価格	F.O.B price (free on board)	离岸价／船上交货价格	lí'àn jià／chuánshàng jiāohuò jiàgé
取引	C.I.F 価格	C.I.F price (cost, insurance and freight)	到岸价／包括成本保险费及运费	dào'àn jià／bāokuò chéngběn bǎoxiǎn fèi jí yùnfèi
取引	C&F 価格	C&F price (cost and freight)	离岸加运费价格	lí'àn jiā yùnfèi jiàgé
取引	L/C	letter of credit	信用证	xìnyòngzhèng
取引	赤字	deficit	赤字	chìzì
取引	アクセプタンス	acceptance	承诺／接受	chéngnuò／jiēshòu
取引	後払い	pay on receipt	后付款	hòufùkuǎn
取引	後払い（掛け）	on credit	赊购	shēgòu
取引	インボイス	invoice	发票／送货单	fāpiào／sònghuòdān
取引	円高	appreciation of the yen	日元升值	Rìyuán shēngzhí
取引	円安	depreciation of the yen	日元贬值	Rìyuán biǎnzhí
取引	乙仲（海運仲介業者）	customs broker	报关行	bàoguānháng
取引	オークション	auction	拍卖	pāimài
取引	オファー	offer	报价／报盘	bàojià／bàopán
取引	外国為替	foreign exchange	外汇兑换	wàihuì duìhuàn
取引	カウンターオファー	counter offer	还盘	huánpán
取引	為替レート	exchange rate	汇率	huìlǜ

分野	日本語	英語	中国語	ピンイン（発音）
取引	キャンセル	cancel	取消	qǔxiāo
取引	クイックレスポンス	quick response	迅速反应	xùnsù fǎnyìng
取引	契約書	contract	合同书	hétongshū
取引	コミッション	commission	手续费／佣金	shǒuxùfèi／yòngjīn
取引	黒字	surplus	盈余	yíngyú
取引	コンテナ	container	货柜／集装箱	huòguì／jízhuāngxiāng
取引	サイン	sign	签字	qiānzì
取引	先物	deal in futures	期货	qīhuò
取引	サプライヤー	supplier	供应商	gōngyìngshāng
取引	仕向港	port of discharge	目的港／抵达港	mùdìgǎng／dǐdágǎng
取引	税関	custom house	海关	hǎiguān
取引	タックスフリー	tax free	免税	miǎnshuì
取引	ダンピング	dumping	倾销	qīngxiāo
取引	積み出し港	port of loading	出货港／发送港	chūhuògǎng／fāsònggǎng
取引	調印	signature	签订	qiāndìng
取引	謄本	copy	抄本	chāoběn
取引	得意先	customer	客户	kèhù
取引	問屋	wholesaler	批发商	pīfāshāng
取引	荷受	take delivery	收货	shōuhuò
取引	値上がり	rise	涨价	zhǎngjià
取引	値上げ	raise	提价	tíjià
取引	値下がり	drop in price	跌价	diējià
取引	値下げ	cut the price	降价	jiàngjià
取引	納期	the appointed date of delivery	交货期	jiāohuòqī
取引	船積書類	shipping document	装船单	zhuāngchuándān
取引	船便	by ship	船运	chuányùn
取引	ファームオファー	firm offer	实盘	shípán
取引	バイヤー	buyer	买主	mǎizhǔ
取引	パッキングリスト	packing list	包装单／装箱单	bāozhuāngdān／zhuāngxiāngdān
取引	引き合い	enquiry	询价／交易	xúnjià／jiāoyì

分野	日本語	英語	中国語	ピンイン（発音）
取引	保険	insurance	保险	bǎoxiǎn
取引	保税倉庫	bond house	保税仓库	bǎoshuì cāngkù
取引	マーケット	market	市场	shìchǎng
取引	前払い	prepaid／advance	预付	yùfù
取引	メーカー	manufacturer	厂家	chǎngjiā
取引	ユーザー	user	用户	yònghù
取引	リスクヘッジ	risk hedge	危险回避	wēixiǎn huíbì
取引	リベート	rebate	回扣	huíkòu
販売	カタログ	catalog	商品目录	shāngpǐn mùlù
販売	カラー	colour	彩色／颜色	cǎisè／yánsè
販売	小売り	retail	零售	língshòu
販売	コーディネート商品	coordination	配套商品	pèitào shāngpǐn
販売	サイズ	size	尺寸	chǐcūn
販売	品切れ	out of stock	脱销	tuōxiāo
販売	正味重量	net weight	净重	jìngzhòng
販売	通販	mail order	邮购	yóugòu
販売	定番商品	basic item	基本商品	jīběn shāngpǐn
販売	返品	return	退货	tuìhuò
販売	なげ売り	sacrifice	抛售	pāoshòu
販売	発注（オーダー）	order	订货	dìnghuò
販売	風袋込み（総重量）	gross weight	毛重	máozhòng
販売	ブティック	boutique	服饰店／时装店	fúshìdiàn／shízhuāngdiàn
販売	バーゲンセール	grand sale	大廉价／大甩卖	dàliánjià／dàshuǎimài
販売	薄利多売	small profits and quick returns	薄利多销	bó lì duō xiāo
販売	ロス	loss	损失	sǔnshī
販売	リスト	list	目录／清单／一览表	mùlù／qīngdān／yìlǎnbiǎo
販売	割引	discount	折扣	zhékòu
工程管理	加工指示書	instruction	加工规格书	jiāgōng guīgéshū
工程管理	完成品	end products	成品	chéngpǐn

分野	日本語	英語	中国語	ピンイン（発音）
工程管理	検品	inspection	验货	yànhuò
工程管理	梱包	packing	包装	bāozhuāng
工程管理	在庫	stock	库存	kùcún
工程管理	サンプル	sample	样品	yàngpǐn
工程管理	仕掛品	stock in process	在制品	zàizhìpǐn
工程管理	ロット生産	batch production	批量生产	pīliàng shēngchǎn
工程管理	抜き取り検品	inspection at random	抽查／抽验	chōuchá／chōujiǎn
工程管理	パターン	pattern	纸样	zhǐyàng
工程管理	半製品（部品）	product in half process	半成品	bànchéngpǐn
工程管理	量産	produce in bulk	批量生产	pīliàngshēngchǎn
財務	粗利益	gross profit	总利／毛利	zǒnglì／máolì
財務	年次報告	annual report	年报	niánbào
財務	営業報告書	sales report	营业报告	yíngyè bàogào
財務	オリジナル	original	原本／原件	yuánběn／yuánjiàn
財務	貸倒れ	bad debt	呆帐	dāizhàng
財務	寄付金	donation	捐款	juānkuǎn
財務	共済金	money to help each other	互助款	hùzhùkuǎn
財務	繰越す	transfer／carry forward／bring forward	转入	zhuǎnrù
財務	原価	cost price	原价	yuánjià
財務	減価償却	depreciation	折旧	zhéjiù
財務	控除	deduction	扣除	kòuchú
財務	控え／コピー	duplicate／copy	副本／复印件	fùběn／fùyìnjiàn
財務	財務諸表	financial statement	财务报表	cáiwù bàobiǎo
財務	時価	current price	时价	shíjià
財務	収益率	profit ratio	收益率	shōuyìlǜ
財務	剰余金	surplus	公积金	gōngjījīn
財務	純利益	net profit	纯利	chúnlì
財務	相殺	offset	相抵／抵偿	xiāngdǐ／dǐcháng
財務	損益計算書	statement of income	损益表	sǔnyìbiǎo

分野	日本語	英語	中国語	ピンイン（発音）
財務	貸借対照表	balance sheet	资产负债表	zīchǎn fùzhàibiǎo
財務	脱税	tax evasion	偷税／漏税	tōushuì／lòushuì
財務	棚卸資産	inventory asset	盘存资产	páncún zīchǎn
財務	払戻し	refund	退还／返还	tuìhuán／fǎnhuán
財務	年金	pension	养老金	yǎnglǎojīn
財務	控え	stub	存根	cúngēn
財務	引当金	allowance	准备金／保留金	zhǔnbèijīn／bǎoliújīn
財務	弁済	pay back／repayment	偿还	chánghuán
財務	見積書	estimate sheet	报价单	bàojiàdān
財務	領収書	receipt	收据	shōujù
法律	却下／拒絶	dismissal／reject	驳回	bóhuí
法律	原告	plaintiff	原告	yuángào
法律	検察官	prosecutor	公诉人	gōngsùrén
法律	裁判官	judge	审判员	shěnpànyuán
法律	裁判所	court	法院	fǎyuàn
法律	裁判長	chief justice	审判长	shěnpànzhǎng
法律	執行猶予	probation	缓刑	huǎnxíng
法律	釈放	release	释放	shìfàng
法律	上訴	appeal	上诉	shàngsù
法律	証人	witness	证人	zhèngrén
法律	尋問	examination	审讯	shěnxùn
法律	訴訟	lawsuit／litigation	诉讼	sùsòng
法律	仲裁	arbitration	仲裁	zhòngcái
法律	懲役	imprisonment	徒刑	túxíng
法律	調停	reconciliation	调停	tiáotíng
法律	著作権	copyright	版权／著作权	bǎnquán／zhùzuòquán
法律	提訴	sue／prosecute／file a lawsuit	起诉／提诉	qǐsù／tísù
法律	陪審員	juryman	陪审员	péishěnyuán
法律	判決	judgment	判决	pànjué
法律	判決を言い渡す	pronounce judgment	宣判	xuānpàn
法律	犯人	criminal	犯人	fànrén

分野	日本語	英語	中国語	ピンイン（発音）
法律	被告	defendant	被告	bèigào
法律	弁護士	lawyer	律师	lǜshī
法律	弁護人	defense	辩护人	biànhùrén
法律	法廷	court	法庭	fǎtíng
法律	有罪判決	declare guilty	判罪	pànzuì
法律	容疑者	suspect	嫌疑犯	xiányífàn
法律	ライセンス	license	许可	xǔkě
法律	ロイヤリティ	royalty	专利费	zhuānlìfèi
法律	和解	compromise	和解	héjiě
旅行	ガイド	guide	导游	dǎoyóu
旅行	観光客	passenger	游客	yóukè
旅行	関税	customs duty	关税	guānshuì
旅行	空港税	airport departure tax	机场费	jīchǎngfèi
旅行	シートベルト	seat belt	安全带	ānquándài
旅行	車両	compartment	车厢	chēxiāng
旅行	重量オーバー	overweight	超重	chāozhòng
旅行	食堂車	dining car	餐车	cānchē
旅行	ソフトシート	soft-seat／first-class	软座	ruǎnzuò
旅行	チェックイン	check in	入住登记	rùzhùdēngjì
旅行	チェックアウト	check out	退房	tuìfáng
旅行	駐車場	parking lot	停车场	tíngchēchǎng
旅行	搭乗券	boarding pass	登机牌	dēngjīpái
旅行	日程表	itinerary	旅程表	lǚchéngbiǎo
旅行	二等寝台	hard berth／second berth	硬卧	yìngwò
旅行	パッケージツアー	package tourism	包价旅游	bāojià lǚyóu
旅行	ビザ	visa	签证	qiānzhèng
旅行	個人の旅行客（自由旅行）	individual tourist	散客	sǎnkè
旅行	リュックサック	knapsack	背包	bèibāo

世界各国の通貨

国・地域名			首都名		通貨名	
日本語	中国語	英語	日本語	中国語	日本語	中国語
日本	日本	Japan	東京	东京	日本円	日元
中国	中国	China	北京	北京	人民元	人民币
台湾	台湾	Taiwan	台北	台北	台湾ドル	新台币
香港	香港	Hong Kong	香港	香港	香港ドル	港币
マカオ	澳门	Macau	マカオ	澳门	マカオパタカ	澳门元
韓国	韩国	Korea	ソウル	首尔	韓国ウォン	韩国元
ベトナム	越南	Vietnam	ハノイ	河内	ベトナムドン	越南盾
マレーシア	马来西亚	Malaysia	クアラルンプール	吉隆坡	マレーシアドル	马元
タイ	泰国	Thailand	バンコク	曼谷	タイバーツ	泰铢
インドネシア	印度尼西亚	Indonesia	ジャカルタ	雅加达	インドネシアルピア	盾
シンガポール	新加坡	Singapore	シンガポール	新加坡	シンガポールドル	新加坡元
フィリピン	菲律宾	Philippines	マニラ	马尼拉	フィリピンペソ	菲律宾比索
インド	印度	India	ニューデリー	新德里	インドルピー	卢比
オーストラリア	澳大利亚	Australia	キャンベラ	堪培拉	豪ドル	澳大利亚元
ニュージーランド	新西兰	New Zealand	ウェリントン	惠灵顿	ニュージーランドドル	新西兰元
アメリカ	美国	U.S.A	ワシントンD.C.	华盛顿	米ドル	美元
カナダ	加拿大	Canada	オタワ	渥太华	カナダドル	加元
メキシコ	墨西哥	Mexico	メキシコシティ	墨西哥城	メキシコペソ	墨西哥比索
イギリス	英国	U.K.	ロンドン	伦敦	ポンド	镑
欧州	欧洲	Europe	—	—	ユーロ	欧元

〈ユーロ加盟国〉※2011年現在
德国（ドイツ）　法国（フランス）　意大利（イタリア）　荷兰（オランダ）　比利时（ベルギー）
卢森堡（ルクセンブルク）　爱尔兰（アイルランド）　希腊（ギリシア）　西班牙（スペイン）
葡萄牙（ポルトガル）　奥地利（オーストリア）　芬兰（フィンランド）　马耳他（マルタ）
斯洛文尼亚（スロベニア）　塞浦路斯（キプロス）　斯洛伐克（スロバキア）
爱沙尼亚（エストニア）

国・地域名			首都名		通貨名	
日本語	中国語	英語	日本語	中国語	日本語	中国語
スイス	瑞士	Switzerland	ベルン	伯尔尼	スイスフラン	瑞士法郎
デンマーク	丹麦	Denmark	コペンハーゲン	哥本哈根	デンマーククローネ	丹麦克朗
ノルウェー	挪威	Norway	オスロ	奥斯陆	ノルウェークローネ	挪威克朗
スウェーデン	瑞典	Sweden	ストックホルム	斯德哥尔摩	スウェーデンクローナ	瑞典克朗
ハンガリー	匈牙利	Hungary	ブダペスト	布达佩斯	ハンガリーフォリント	福林
チェコ	捷克	Czech	プラハ	布拉格	チェココルナ	捷克克朗
クウェート	科威特	Kuwait	クウェート	科威特城	クウェートディナール	科威特第纳尔
サウジアラビア	沙特阿拉伯	Saudi Arabia	リヤド	利雅得	サウディリヤル	沙特阿拉伯里亚尔
ブラジル	巴西	Brasil	ブラジリア	巴西利亚	レアル	巴西雷亚尔
南アフリカ	南非	South Africa	プレトリア	比勒陀利亚	南アフリカランド	兰特
ロシア	俄罗斯	Russia	モスクワ	莫斯科	ロシアルーブル	卢布

人民元（中国）

台湾ドル（台湾）

香港ドル（香港）

ドル（世界の基軸通貨）

201

世界の企業（中国の消費者によく知られているカタカナ表記の企業を中心に）

国・地域	日本語	中国語	英語
日本	トヨタ	丰田	Toyota
日本	パナソニック	松下电器	Panasonic
日本	ソニー	索尼	Sony
日本	シャープ	夏普	Sharp
日本	キヤノン	佳能	Canon
日本	エプソン	爱普生	EPSON
日本	京セラ	京瓷	Kyocera
日本	コニカミノルタホールディングス	柯尼卡美能达	Konica
日本	カシオ	卡西欧	Casio
日本	ニコン	尼康	NIKON
日本	オリンパス	奥林巴司	Olympus
日本	リコー	理光	RICOH
日本	ユニクロ	优衣库	UNIQLO
日本	ユニチャーム	尤妮佳	Unicharm
日本	ヤマハ	雅马哈	YAMAHA
日本	ヤフー	雅虎	Yahoo!
日本	ユニシス	优利系统	Unisys
日本	ロッテ	乐天	LOTTE
日本	ジャスコ	佳世客／吉之岛	JUSCO
日本	ローソン	罗森	LAWSON
日本	ファミリーマート	全家	Family Mart
日本	キユーピー	丘比	Kewpie
日本	グリコ	格力高	Glico
日本	サントリー	三得利	Suntory
日本	モスバーガー	莫斯汉堡／摩斯汉堡	Moss Burger
日本	シチズン	西铁城	Citizen
日本	セイコー	精工	Seiko
日本	ニベア	妮维雅	Nivea
日本	エーザイ	卫材	Eisai
日本	アシックス	爱世克私	Asics
日本	コスモ石油	科斯莫石油	Cosmo Oil
欧米	コダック	柯达	Kodak

国・地域	日本語	中国語	英語
欧米	デル	戴尔计算机	DELL
欧米	ゼネラル・エレクトリック	通用电气	General Electric
欧米	ヒューレット・パッカード	惠普	Hewlett-Packard
欧米	IBM	国际商业机器	IBM
欧米	マイクロソフト	微软	Microsoft
欧米	インテル	英特尔	Intel
欧米	グーグル	谷歌	Google
欧米	アップル	苹果	Apple
欧米	モトローラ	摩托罗拉	Motorola
欧米	コカ・コーラ	可口可乐	Coca-Cola
欧米	スターバックス	星巴克	Starbucks
欧米	ハーゲンダッツ	哈根达斯	Häagen-Dazs
欧米	ピザハット	必胜客	Pizza Hut
欧米	ペプシコーラ	百事可乐	Pepsi-Cola
欧米	マクドナルド	麦当劳	McDonald's
欧米	ナイキ	耐克	Nike
欧米	ティファニー	蒂芙尼	Tiffany
欧米	P&G	宝洁	P&G
欧米	シティバンク	花旗集团	Citibank
欧米	メリルリンチ	美林证券	Merrill Lynch
欧米	モルガン・スタンレー	摩根士丹利	Morgan Stanley
欧米	リーマン・ブラザーズ	雷曼兄弟	Lehman Brothers
欧米	ウォルマート	沃尔玛	Wal-Mart
欧米	ボーダフォン	沃达丰	Vodafone
欧米	ノバルティス	诺华	Novartis
欧米	エリクソン	爱立信	Ericsson
欧米	ルノー	雷诺	Renault
欧米	アルカテル・ルーセント	阿尔卡特朗讯	Alcatel-Lucent
欧米	フィリップス	飞利浦／菲利浦	Philips
欧米	ノキア	诺基亚	Nokia
欧米	シーメンス	西门子	Siemens
欧米	アディダス	阿迪达斯	Adidas
欧米	ボーダフォン	沃达丰	Vodafone
欧米	ロレックス	劳力士	Rolex

国・地域	日本語	中国語	英語
欧米	ネスレ	雀巢	Nestlé
欧米	イケア	宜家	Ikea
欧米	プラダ	普拉达	Prada
欧米	バレンチノ	华伦天奴	Valentino
欧米	ルイ・ヴィトン	路易威登	Louis Vuitton
欧米	シャネル	香奈尔	Chanel
欧米	グッチ	古琦／古驰	Gucci
欧米	カルフール	家乐福	Carrefour
韓国	サムスン電子	三星电子	Samsung Electronics
韓国	LG エレクトロニクス	LG 电子／乐金电子	LG Electronics
韓国	ポスコ	浦项制铁	Posco
中国	ハイアール	海尔	Haier
中国	ZTE	中兴通讯	ZTE
中国	レノボ	联想	Lenovo
中国	ファーウェイ（華為技術）	华为技术	Huawei Technology
中国	シノペック	中国石化	Sinopec
中国	ハイセンス	海信	Hisense
中国	パンダ	熊猫	Panda Electronics
中国	アリババ	阿里巴巴	Alibaba
台湾	フォックスコン	鸿海／富士康	Foxconn
台湾	チーメイ（CMI）	奇美电子	CMI
台湾	エイサー	宏基	Acer
台湾	アスース	华硕	Asus
インド	タタ・グループ	塔塔集团	Tata Group

聖ポール天主堂跡（マカオ）

中国語における色に関する表現

红色（hóngsè）／赤
めでたい慶事を象徴する色。幸運の色で縁起がよい。中国人が最も好む色。革命のイメージを持つ色。また、危険・過激・衝動的なマイナスイメージもある。
① 赤色
　　红叶：もみじ　　　　红木：マホガニー　　　红外线：赤外線　　　红茶：紅茶
　　红薯：サツマイモ　　红晕：ほんのり赤い　　红筹股：レッドチップ（株）
② めでたい慶事を象徴する色。幸運の色で縁起がよい。
　　红包：祝儀　　红事：慶事　　红娘：結婚の仲人　　红利：配当金
　　红运：幸運　　红蛋：赤く染めた卵（子どもの誕生を祝う贈り物としての卵）
③ 情熱、衝動、革命のイメージを持つ色
　　红区：共産党の拠点　　　　　红歌：共産党を称賛する歌
　　红心：革命に忠実な心身　　　红军：紅軍（人民解放軍の前身）
　　红卫兵：紅衛兵（文化大革命初期の学生運動組織）
④ 危険、過激
　　红灯：赤信号　　　　　　　　红灯区：歓楽街
　　红牌：レッドカード（退場）　红眼：ねたむ
⑤ 人気がある
　　红歌星：人気歌手　　　　　　红影星：人気スター（映画俳優）
　　红人：人気者、お気に入り

黄色（huángsè）／黄
富と権力の象徴であり、皇帝の象徴でもある色。一方で、腐敗や堕落を表現する言葉にも使われている。また、枯れている、病弱、健全ではないなどのマイナスイメージもある。
① 黄色
　　黄酒：醸造酒の総称　　黄昏：たそがれ　　黄白：金銀
　　黄豆：ダイズ　　　　　黄油：バター　　　黄米：黍（きび）、粟（アワ）
② 富と権力の象徴であり、皇帝の象徴でもある色。
　　黄帝：中国の伝説上の皇帝　　黄袍加身：皇帝になる
　　黄历：昔の皇帝暦　　　　　　黄马褂：皇帝の礼服（上着）

③ 枯れる、元気がない、病弱、健康的でない、要注意
  黄脸婆：年を取った、糟糠の妻　　扫黄：ポルノを取り締まる
  黄牛：ダフ屋　　　　　　　　　　黄歌：不健全な歌、健康的ではない歌
  黄牌：イエローカード
④ 未熟
  黄毛丫头：小娘（からかいの意味を含む）

白色（báisè）／白
葬儀と関係する色。白い色を意味する以外に、「むだに」「ただで」という意味を表す言葉にも使われている。
① 白い
  白领：ホワイトカラー　　　白酒：蒸留酒の総称　　　白皮书：白書
  白雪：白い雪　　　　　　　白色家电：白物家電　　　白头：白髪頭、老人
  白熊：白い熊、シロクマ　　白云：白い雲
② 明らかである、明らかになる（する）
  真相大白：真相がすっかり明らかになる
  不白之冤：晴らすことのできない冤罪
③ 空白である、（何も加えないで）そのままの
  白饭：白いご飯　　　白开水：お湯　　　一穷二白：一に貧窮、二に空白
  白手：素手
④ いたずらに、むだに、空しく、むざむざ、なすところなく
  白费力气：骨折り損のくたびれもうけ　　　　　　白送死：むだ死に
  白眼：冷たい視線　　白话：むだ話　　　　　　　白忙：骨折り損
  白花钱：むだにお金を使う
⑤ ただで、無料で
  白吃：ただ食い　　　白住：ただで宿泊する　　　白喝：ただ飲み
  白给：無料で与える　白拿：ただで取る
⑥ 反革命的象徴
  白军：反革命軍　　　白区：反共産党の拠点　　　白色恐怖：白色テロ
⑦ 不幸である、降参する
  白事：葬式、葬儀　　打白旗：降参する　　　　　戴白：喪章をつける

黑色（hēisè）／黒

中国語では、イメージがよくない色。闇や不正手段の意味を表す言葉に多く使われている。

① 黒い

黑发：黒髪　　　　　黑啤酒：黒ビール　　　黑土：黒い土
黑面包：黒パン　　　黑管：クラリネット　　　黑色家电：AV家電
黑板：黒板　　　　　黑豆：黒マメ

② 暗い

黑暗：暗黒　　　　　黑天：夜　　　　　　　黑屋子：暗い部屋
黑灯瞎火：灯火がなく真っ暗なさま　　　　　黑洞洞：真っ暗なさま
黑蒙蒙：薄暗い様子　　黑咕隆咚：真っ暗なさま

③ 秘密の、闇の、反社会的、悪い、腹黒い

黑社会：マフィア組織、やくざ　　黑客：ハッカー　　黑帮：犯罪組織
黑幕：裏事情　　黑市：闇市　　黑心：腹黒　　黑帐：裏帳簿
黑匣子：ブラックボックス　　黑名单：ブラックリスト

蓝色（lánsè）／青

中国語の「藍」は空の色。冷静で、落ち着いている良いイメージに使われる。中国語の「青」は日本語の青のイメージより緑や黒みがかった色を表す。

① あい色、青色

蓝宝石：サファイア、トルコ石　　蓝领：ブルーカラー　　蓝天：青い空
蓝晶晶：青く光るさま　　　　　　蓝墨水：青インク　　　蓝藻：藍藻
蓝图：青写真　　蓝调：ブルース　　青出于蓝而胜于蓝：出藍の誉れ

数字に関連した中国語の「熟語」表現
中国語の表現力アップに欠かせない"成语""惯用语"の例

◇ 一（yī）ひたすら。ひとすじ。
独一无二：唯一無二、ただ一つである。
一目了然：一目瞭然。ひと目見てよくわかること。
一本正经：まじめくさっていること。
一把手　：やり手。腕利き。
一日三秋：待ち遠しい気持ち。

◇ 二（èr）忠実でない。よこしま。
二道贩子：やみ商人。ブローカー。
二话不提：文句なしに。
一石二鸟：一石二鳥。
接二连三：次から次へと。立て続けに。
二把刀　：下手である。生かじりである。未熟である。

◇ 三（sān）複数を表す。"散（sǎn)"と同じ発音なので、あまり好まれない。
三思而行：熟考の上実行する。
挑三拣四：あれこれと選り好みをする。
三天打鱼，两天晒网：三日坊主。途中でやめて、長続きしないこと。
三十年河东，三十年河西：世の変化は栄枯盛衰。
三个臭皮匠，赛过诸葛亮：三人寄れば文殊の知恵。多くの人が集まって相談すれ
　　　　　　　　　　　　ば、素晴らしい考えが生まれる。

◇ 四（sì）"死（sǐ）"と同じ発音なので、忌み嫌われる。しかし、偶数なので、文章語では好まれることもある。
四面楚歌：四面楚歌。敵に囲まれて孤立すること。
扬名四海：遍く名声を馳せる。
说三道四：無責任にあれこれいうこと。
朝三暮四：移り気。考えや方針が定まらないこと。
四通八达：道が四方八方に通じている。

◇ 五（wǔ）いろいろ。多種多様。
五味俱全：いろいろな味がする。＊五味⇒甘い、酸っぱい、塩辛い、苦い、辛い。
五彩缤纷：色とりどり／五彩斑斓：色とりどりで美しい。
五谷丰登：五穀豊穣。
五花八门：多種多様で変化に富む。
五十步笑百步：五十歩百歩。どんぐりの背くらべ。

◇ 六（liù）順調なことを意味する、よい数字。
三亲六眷：親戚縁者の総称。
五脏六腑：体内の全ての器官。
　　　　　＊五臓⇒心臓、肺、脾臓、肝臓、腎臓
　　　　　　六腑⇒胆、胃、大腸、小腸、膀胱、三焦
五合六聚：たびたび一緒に集まること。
五颜六色：色とりどり。
三茶六饭：お客のもてなしがとても周到なこと。

◇ 七（qī）数が多いこと。"生气"の"气（qì）"と同じ発音なので、あまり好まれない。
乱七八糟：めちゃくちゃなこと。
七情六欲：もろもろの情欲。
　　　　　＊七情⇒喜、怒、哀、懼、愛、悪、欲の情
　　　　　＊六欲⇒色欲、形貌欲、威儀姿態欲、言語音声欲、細滑欲、人相欲など異性に対してもつ6つの欲。
七嘴八舌：口々に言う。
七上八下：心が乱れるさま。心を決めかねるさま。
七颠八倒：話が脈絡なく、整っていないさま。

◇ 八（bā）"发财（fācái）""发展（fāzhǎn）"の"发"と発音が同じことから最も縁起がよい数字。
半斤八两：似たり寄ったり。五分五分。＊旧時、一斤は十六両とされた。
胡说八道：でたらめを言う。
八面玲珑：八方美人。

209

八字没一撇：事の目鼻がつくまでにはほど遠い。
八仙过海，各显神通：各自が得意な分野でそれぞれ能力を発揮する。

◇ 九（jiǔ）"久（jiǔ）"と同じ発音で「末永い」の意味があり、縁起が良い。
九死一生：九死に一生を得る。かろうじて助かる。
四海九州：全国各地。津々浦々。
三跪九叩：最も敬意を表した礼儀作法。ひざまずいて額を地につけて、3回礼拝することを3度繰り返す。
九九归原：とどのつまり。結局のところ。（＝九九归一）
九牛一毛：大多数の中のごく少数。

◇ 十（shí）円満の意味がある。
十全十美：完全無欠である。非の打ちどころがない。
十有八九：十中八九。大方。
闻一知十：一を聞いて十を知る。
十年寒窗：蛍雪の功。長年苦労して勉学に励むこと。
一目十行：本を読むのがとても速いこと。

◇ 百（bǎi）
百折不屈：どんな困難にもめげないこと。（＝百折不挠）
百事大吉：平穏無事。すべて順調。
百年偕老：夫婦仲睦まじく、共に生活して老いてゆく様。長年つれ添うこと。
百年大计：百年の計。遠大な計画。
百闻不如一见：百聞は一見に如かず。

◇ 千（qiān）
千语万语：いろいろな言葉。
千家万户：多くの家々。
一字千金：一字が千金に値する。詩文が非常に優れていること。
千载一时：千載一遇。めったにない機会。
千金一刻：時間はとても貴重であること。時は金なり。

◇ 万（wàn）
万事如意：万事が思い通りであること。
一本万利：僅かな資金で巨利を収める。ぼろ儲けすること。
万众一心：すべての人の心を一つにする。
万里长征：万里の長征。長期にわたる難事業のたとえ。
万事亨通：万事、何事も順調にいく。

◇ 数（shù）
胸中有数：事情をよく知っていて自信があること。（＝心中有数）
数见不鲜：珍しくないこと。
数不胜数：数えきれない。枚挙にいとまがない。
屈指可数：指を折って数えることができる。数が少ない。
不计其数：数えきれない。非常に多い。

度量衡
長さ

日本語	ミクロン	ミリメートル	センチメートル	メートル	キロメートル
中国語	微米	毫米	厘米	米	公里
発音	wēimǐ	háomǐ	límǐ	mǐ	gōnglǐ
表記	μ	mm	cm	m	km

面積・体積

日本語	平方メートル	ヘクタール	平方キロメートル	立方センチメートル	立方メートル	リットル
中国語	平方米	公顷	平方公里	立方厘米	立方米	升
発音	píngfāngmǐ	gōngqǐng	píngfāng gōnglǐ	lìfāng límǐ	lìfāngmǐ	shēng
表記	m^2	ha	km^2	cm^3	m^3	ℓ

重さ

日本語	ミリグラム	グラム	50グラム	500グラム	キログラム
中国語	毫克	克	两	斤	公斤
発音	háokè	kè	liǎng	jīn	gōngjīn
表記	mg	g	50g	500g	kg

中国歴史年表一覧

夏			B.C. 約 21 世紀～B.C. 約 16 世紀
商（殷）			B.C. 約 16 世紀～B.C. 約 1066 年
周	西周		B.C. 約 1066 年～B.C.771 年
	東周		B.C.770 年～B.C.256 年
		春秋時代	（B.C.770 年～B.C.476 年）
		戦国時代	（B.C.475 年～B.C.221 年）
秦			B.C.221 年～B.C.206 年
漢	前漢		B.C.206 年～A.D.23 年
	新		A.D. 8 年～22 年
	後漢		A.D. 25 年～220 年
三国	魏		220 年～265 年
	蜀		221 年～263 年
	呉		222 年～280 年
西晋	西晋		265 年～316 年
五胡十六国	東晋		317 年～420 年
	十六国		304 年～439 年
魏晋南北朝	南朝	宋	420 年～479 年
		斉	479 年～502 年
		梁	502 年～557 年
		陳	557 年～589 年
	北朝	北魏	386 年～534 年
		東魏	534 年～550 年
		北斉	550 年～577 年
		西魏	535 年～557 年
		北周	557 年～581 年
隋			581 年～618 年
唐			618 年～907 年
五代十国	後梁		907 年～923 年
	後唐		923 年～936 年
	後晋		936 年～946 年
	後漢		947 年～950 年
	後周		951 年～960 年
	十国		902 年～979 年
宋※	北宋		960 年～1127 年
	南宋		1127 年～1279 年
金			1115 年～1234 年
元			1279 年～1368 年
明			1368 年～1644 年
清			1644 年～1911 年
中華民国			1912 年～1949 年
中華人民共和国			1949 年～現在

※宋の時代には、遼（907 年～1125 年）、西夏（1032～1227）等の国が興っては滅び、元に統一されるまで混乱が続いた時代があったが、本年表では主な歴史の流れだけを記載しているため、省略している。　（出典）『新華字典』歴史年表　商務印書館／東方書店

訳例・解答例

各課の文法解説　例文参考訳 214
各課の練習問題　解答 227
各課の主な文法事項と呼応関係表現索引 232

各課の文法解説　例文参考訳（例）

第1課

2. ⅰ こちらはホームフード有限会社です。　ⅱ 彼女は私の妹です。
3. ⅰ 私たちは仕事をしています。　ⅱ 彼はご飯を食べています。
   ⅲ 私は駅であなたを待ちます。　ⅳ 私は貿易会社で仕事をしています。
4. ⅰ 駅にはどのように行くのですか。　ⅱ あなたの名前はどのように書くのですか。
   ⅲ 彼はなぜ1人で行くのですか。　ⅳ あなたはどうして忘れたのですか。
   ⅴ あなたは、なぜ勉強しないのですか。　ⅵ 彼は、なぜ来なかったのですか。
5. ⅰ 私は（1杯の）コーヒーを飲んだ。　ⅱ 授業が終わったら家に帰る。
   ⅲ （天気が）寒くなった。　ⅳ お腹がすいた。
   ⅴ 彼は20歳になった。　ⅵ 私は宿題をした。
   ⅶ 私はまだ宿題をしていない。
6. ⅰ 仕事が忙しいので、デートする時間がない。
   ⅱ 私が昨日行かなかったのは、他の用事があったからだ。
   ⅲ すぐに治療したので、（病気が）早く治ったのです。
7. ⅰ 明日は雨が降るかもしれない。　ⅱ 彼は期末試験に合格できないだろう。
8. ⅰ 山本さんは、もうすぐしたら来ます。　ⅱ しばらく雑誌を見たら、行きます。
9. ⅰ みなさんにちょっと知らせて下さい。　ⅱ 私の方から少し紹介しましょう。
10. ⅰ 彼は日本人ですか。　ⅱ あなたは行かないのですか。
    ⅲ 今日は日曜日ですか。
    ⅳ あれは何ですか。　ⅴ 彼は誰ですか。
    ⅵ あなたはどこにいますか。　ⅶ 今何時ですか。

第2課

1. ⅰ ちょっと待って、すぐに行きます。　ⅱ 彼は魚しか食べず、肉は食べない。
   ⅲ たったの3元で十分です。　ⅳ ほんの3分で到着します。
   ⅴ 私の家から駅までは僅か300ｍです。
   ⅵ 彼が私たちの先生です。　ⅶ これが天安門です。
2. ⅰ 今日はこんなに寒いから、学校へ行きたくない。
   ⅱ 中国語がそんなに難しいとは思いもよらなかった。
   ⅲ あなたがこういうのは、筋が通らない。　ⅳ 彼はなぜそのようにしたいの？
3. ⅰ あなたこそ天才だ。　ⅱ こここそが、私の夢の中の楽園だ。
   ⅲ なぜ（今ごろになって）やっと来たのか。
   ⅳ 私はやっとこの事を知った。　ⅴ あなたが知らないほうがおかしい。
   ⅵ 昨日の試合はとてもよかったわ。　ⅶ 彼はまだ2歳なのに文字が書ける。

viii まだ8時なんて、早いわよ。　　　ix 私はあのような所へ行くものか。
　　　x こんなに値段が高いと、私は買うものか。
4. i 私達はみな中華料理が好きです。　　ii 先生は何でも知っていますか。
　　iii 私たちはみな日本人ではない。　　iv 私たちはみなが日本人ではない。
　　v もう日が暮れたから、早く帰りなさい。
　　vi すでに30歳になったのに、まだ結婚していない。
5. i 私が行きましょう。　　　　　　　ii 来なさい。
　　iii 彼は日本人でしょう。
6. i 草原の天気と言えば、すぐに変わる。ii 彼は行くと言ったら、すぐ行った。

第3課

1. i 私は仕事を探したい。　　　　　　ii 李さんは1人で旅行に行こうとしている。
　　iii 今日、私たちは少し早く仕事を終えなければならない。
　　iv 用事があって、休暇をとらなければならない。
　　v あなたは会社に対して責任を持たなければなりません。
　　vi 地震のとき、皆さんは冷静にしなければなりません。
　　vii 雨が降りそうなので、早く家に帰りましょう。
　　viii わたしは少し遅れそうです。
　　ix 今日は残業になりそうだ。
　　x もうすぐ仕事が終わります。　　　xi 彼女はもうじき20歳になります。
　　xii （天候は）もうすぐ暑くなります。
2. i 前を見る。　　　　　　　　　　　ii 彼は東へ向って歩いて行く。
　　iii 水は低きへと流れ、人は高きへと向う。
　　iv 我々の商品は、取引き先に対して責任を負わなければならない。
　　v この問題は、はやり専門家に教えを請おう。
3. i この問題については、後日、また検討しよう。
　　ii 何冊かのコンピューターに関する本を読んだ。
5. i この種の果物は美味しいが、食べ過ぎてはいけない。
　　ii 今日は休みだが、とても早く起きた。
6. i 会社のために頑張って仕事する。　ii みなさんの健康に乾杯!
　　iii 些細なことで機嫌を損ねないで。　iv お客様に最もよいサービスを提供する。
　　v たくさんお金を稼ぐために残業する。vi あなたのためなら何でもする。
　　vii あなたのせいで授業まで遅刻してしまった。
　　viii 些細なことで怒るな。
7. i 彼は友であり、師でもある。　　　ii 彼女は賢くてきれいだ。
　　iii 私は彼の電話番号もなければ住所もない。

8. ⅰ 状況は去年と異なる。　　　　　　ⅱ アメリカ人と比べて、日本人は魚を好む。

第4課
1. ⅰ 私はちょっと出かけてきます。　　ⅱ 彼にちょっとお金を持って行って。
   ⅲ 話を続けて下さい。　　　　　　　ⅳ 子ども達が駆け出して来た。
2. ⅰ 車内には人が多い。　　　　　　　ⅱ 彼の頭の中は仕事でいっぱいだ。
   ⅲ 冷蔵庫には何もない。
   ⅳ 学校はとても賑やかだ。　　　　　ⅴ あなたのところには日中辞典がありますか。
   ⅵ 先生のところに質問に行く。
3. ⅰ 彼に自由に話をさせなさい。　　　ⅱ 警察は運転手を停車させた。
   ⅲ 彼の話は我々を非常に喜ばせた。
   ⅳ 母は私があなたに会いに来るようにと言った。
   ⅴ 先生はあなたがすぐ行くように命じた。
4. ⅰ 私はこの種のお酒を飲んだことがない。ⅱ あなたはアメリカに行ったことがありますか。
5. ⅰ 今日は何人来ましたか。　　　　　ⅱ あなたの部屋は何番ですか。
   ⅲ あなたの家は何人家族ですか。　　ⅳ 何曜日ですか。
6. ⅰ 一緒に行きましょう。　　　　　　ⅱ 私のあとについて本文を読んで下さい。
7. ⅰ 私がみなさんのために1曲歌いましょう。ⅱ 私に電話をかけて下さい。
8. ⅰ 中国語は難しいですか。　　　　　ⅱ あなたはお酒を飲みますか。
   ⅲ 今日は日曜日ですか。　　　　　　ⅳ 今日は日曜日ですか。
   ⅴ 明日は来られますか。　　　　　　ⅵ 少数の人の意見を聞くことができますか。
   ⅶ 食事しましたか。　　　　　　　　ⅷ 行ったことがありますか。
   ⅸ 私は授業に出なかった。　　　　　ⅹ 彼女に会わなかったのか？
   ⅺ 私はまだ宿題をやっていません。　ⅻ 李さんはまだ戻って来ていない。

第5課
1. ⅰ ご指示通りに致します。　　　　　ⅱ 人口に基づいて計算する。
2. ⅰ 彼は北京に京劇を見に行く。　　　ⅱ 彼は私を訪ねて家に来た。
   ⅲ 私は自転車であなたの家に行く。　ⅳ 彼は電話して私に話す。
   ⅴ 我々は歩いて行こう。
3. ⅰ 彼はだいたい30歳ぐらいだろう。　ⅱ 1カ月あまりほどでやっと病気がよくなった。
4. ⅰ 私は一人で行ける。　　　　　　　ⅱ 北京では冬にスケートができる。
   ⅲ 明日は休んでもよい。　　　　　　ⅳ あなたはこのように考えてもよい。
   ⅴ この本は読む価値がある。
   ⅵ 上海にも観光するだけの価値のある所は多い。

第6課
1. i 田中さんを見かけましたか。　　　　ii ご飯を食べてから行こう。
   iii 私はあなたの話が分からない。　　　iv 彼女は言い間違えたのか。
   v 私は中国語をマスターしたい。　　　vi 部屋をきれいに掃除して下さい。
2. i 兄は走るのがとても速い。　　　　　ii 彼女の中国語はあまり流暢でない。
   iii 彼の日本語は少しぎこちない。　　　iv 彼女は字を書くのが速くてきれいだ。
   v 今日は天気がとてもよい。　　　　　vi 中国はとても広いよ。
3. i 体力が続かない　　　　　　　　　　ii 心配でたまらない
   iii 感謝に堪えない　　　　　　　　　iv 光栄に堪えない（幸甚です）
   v 見ても見尽くせない美しい風景　　　vi 防ごうにも防ぎきれない事故
4. i 私はコップを割ってしまった。　　　ii 彼女は私の話を気にとめない。
   iii 彼女はドアを閉めなかった。　　　iv 資料を先に私に見せるべきだ。
5. i 私は風邪をひいて、今日はお酒を飲めない。
   ii 明日のパーティーに参加できますか。　iii 昨日彼に会えなかった。

第7課
1. i 先にお風呂に入ってから食事にする。　ii 先に練習してから、試合をする。
2. i 明日は早く帰ります。よろしいですか。　ii 私は先に行きます。よろしいですか。
   iii 彼は中国人ですよね。　　　　　　iv 私の宿題を手伝ってくれませんか。
   v 明日行くのはどうですか。
   vi 先にビールを2本注文しては如何でしょうか。
3. i 何かご用ですか。　　　　　　　　ii 昨日、誰かに会いましたか？
4. i 私は花が好きです。例えばバラ、ボタン、ゆりなど。
   ii 中国には多くの種類のお茶がある。例えばウーロン、毛峰、龍井など。
5. i 彼は笑顔で学生達の到着を迎えた。
   ii ずば抜けた成績で志望の大学に合格した。
   iii 彼女は毎日足代わりに車を使っている。　iv 平均して各家庭を4人で計算している。
   v 彼ら一家は主に畑を耕して生計を立てている。
   vi 辛いことを楽しみとする。
6. i 行きたければ、行けばいい。　　　　ii もし都合が悪ければ、やめよう。

第8課
1. i 彼は誰にもあの事を話していない。　ii 我々は決して苦難に屈服すべきでない。
   iii みんな私にとてもよくしてくれる。　iv 彼は顧客に対する態度がとてもよい。
   v 彼はこの問題についてとてもよく検討している。
   vi みんなは国際情勢について、自分の見解を述べた。

2. ⅰ 彼は外国から帰って来た。　　　　ⅱ 私の家から駅へ行くのには15分かかる。
　　ⅲ 彼女は私の傍から離れて行った。　ⅳ 猫が門の前を駆けて行った。
　　ⅴ 私は午前8時から午後5時まで仕事をする。
　　ⅵ 会社から空港まで1時間半かかる。　ⅶ 彼女の服は上から下まで全部新しい。
3. ⅰ 彼は眼差しを窓の外に向けた。　　ⅱ 川の水は海へと流れる。
　　ⅲ 名前をどこに書きますか。　　　　ⅳ わたしたちは第何課まで勉強しましたか。
　　ⅴ 我々はみんな田舎から来た。

第9課

※離合詞の例

（出差）出張する　（上班）出勤する　（睡覚）寝る　（結婚）結婚する　（挣銭）お金を稼ぐ　（随便）気軽にする／勝手にする　（道歉）お詫びをする　（洗澡）風呂に入る　（打架）けんかする　（吵架）口喧嘩する　（打折）割引する　（散歩）散歩する　（帮忙）手伝う　（考试）試験を受ける　（毕业）卒業する　（操心）気を使う／心を煩わす　（安心）安心する／悪巧みがある／企む　（请假）休暇をとる　（放假）休みになる　（发烧）熱が出る　（受骗）騙される　（上课）授業に出る／授業をする　（游泳）泳ぐ　（吃苦）苦労をする　（吃醋）やきもちをやく　（吃惊）びっくりする　（着急）焦る／気をもむ　（走神）気が散る　（发呆）ぽかんとする／呆然とする　（滑雪）スキーをする　（滑冰）スケートをする　（理发）散髪する　（聊天）世間話をする／雑談する　（见面）対面する／顔を合わせる　（留学）留学する　（鼓掌）拍手する　（伤心）悲しむ　（生气）腹が立つ／怒る　（生病）病気になる／病気にかかる　（跳舞）ダンスをする／踊る

1. ⅰ 一日働いて、疲れませんか?　　　ⅱ あなたを助けるのは、私自身のためです。
　　ⅲ 何を焦っているのか。彼は必ず戻って来る。
2. ⅰ ドアが開いている。　　　　　　　ⅱ 壁に地図が掛っていますか。
　　ⅲ 彼はいつも古い二胡を背負っている。
　　ⅳ 彼は二胡を背負って街へ行く。　ⅴ 彼女を一緒に連れて行ってもいい。
3. ⅰ 前年　　　　　　　　　　　　　　ⅱ 先月
　　ⅲ 次のお客様
4. ⅰ 会社は私に経理業務を担当させる。
　　ⅱ 彼はみんなにあなたに言わないようにと言った。
　　ⅲ こんにちは。私は王美華と申します。　ⅳ 私を「王くん」と呼んで下さい。
　　ⅴ ちょっとタクシーを呼ばなければ。　ⅵ 私に（1杯の）ワインを注文して下さい。

第10課

1. ⅰ 行くな!　　　　　　　　　　　　ⅱ 話をするな。
　　ⅲ 遅くなりすぎたので、今日は帰るのをやめて。

iv 話をやめて。会議が始まりますよ。
2. i ここは気候もよく景色も美しい。だから、夏は観光客が多い。
　　ii わたしが賛成したのはこれが一番良い案だと思っているからです。
3. i 彼を行かせるくらいなら、私が自分で行くほうがよい。
　　ii 余計なことをするよりは、しない方がましだ。
4. i 十五夜の月は丸くて明るい。　　　ii 彼のガールフレンドは賢くて美しい。
　　iii みんな歌ったり踊ったりして、とても楽しかった。
　　iv 彼女は泣いたり笑ったり、一体どうしたんだろう。
5. i 豚肉以外どんな肉でも食べる。
　　ii この件は王さん以外に、李さんも知っている。
6. i はやく来て見てごらん。とてもきれいだよ。　ii このみかんは、とても美味しい。
　　iii 長い時間待って、あなたはやっと来た。iv あなたが良くなって、やっと安心だ。
　　v この子はとっても可愛い。　　　vi あなたの中国語はとても素晴らしい。
　　vii 彼女はとても美しい。
　　viii 私に訊かないで。知らないわ。　ix 私は冗談で言っているのではないわよ。
　　x 絶対に忘れないで！
　　xi くれぐれも体に気をつけて。　　xii 明日、必ず少し早く来るように。
　　xiii お元気ですか。　　　　　　　　xiv 知っていたのですか。

第11課

1. i あなたはしっかり働かなければならない。
　　ii 私はすぐに会社へ行かなければならない。
2. i 見てわかる／見てわからない　　ii 聞いてわかる／聞いてわからない
　　iii 寝つく／寝つけない　　　　　iv 購入できる／購入できない
　　v きれいに洗う／きれいに洗えない　vi はっきりと話せる／はっきりと話せない
　　vii 食べきる／食べきれない
　　viii 履ける（着られる）　　　　　ix 潜り込めない（入り込めない）
　　x 仕上げられる（出来る）　　　　xi 出られない
　　xii 飛んで渡っていけない　　　　xiii 立ち上がれない
　　xiv 飛びあがれる　　　　　　　　xv 優秀とはいえない
　　xvi どんな異常も見当たらない　　xvii この世に超えられない山はない
3. i もっとよく考えなさい。　　　　ii 今日、私はちょっとゆっくり休みたい。
　　iii とっても健康な人がどうして急に亡くなったのか。
　　iv ちゃんと約束したから、彼は必ず来ます。
4. i 責任を負うことを心配するな。
　　ii あなたが知らないかもしれないと思って、わざわざ彼女からあなたに伝えさせた。

219

    iii 彼女は太ることを心配して、ご飯を食べない。
    iv 暑いのが苦手だから、クーラーをつけよう。
    v 事はそんなに簡単ではないかもしれない。
5. i 通訳を介して話す。　　　　　　ii 広告を通じて宣伝をする。
    iii 長年の努力で、彼はついに成功した。　iv 郵便局を通る時、この手紙を投函して。
6. i まだいたの？　もう出かけたと思っていたけど。
    ii 他人のことを自分のことと思ってやろう。
7. i 我々は勉強に勉強を重ねなければならない。
    ii また会えるかしら。
    iii 一度過ちを犯した上に、また過ちを犯してはならない。
    iv この件は延ばし延ばしにして、いつになったら解決するのか。
    v また遅れたら、私はあなたを叱りますよ。 vi これ以上言ったら、怒るよ。
    vii どんなに説明してくれても無駄です。私は信用しません。
    viii たとえどんなに忠告しても、彼はやはり聞き入れない。
    ix 今日は間に合わないから、明日にしよう。
    x 午後に議論しよう。午前中にちょっと準備しないといけないから。
    xi よく休みなさい。病気が治ってから出勤すればいいから。
    xii まず明確に調査してから、どう処理するか考える。
    xiii これよりも少し大きいのを下さい。　　xiv これよりもいいのはないよ。
    xv このようにできれば、本当になによりだ。
    xvi このような機会を失ったのは、この上なく残念だ。
    xvii 彼ら２人は比類する者がいないくらい仲睦まじい。
    xviii いくら風が強く、寒くても行かねばならない。
    xix どんなに難しくても完成させねばならない。
    xx 彼は（今は）もはや歌手ではない。
    xxi 彼は去った後、二度と戻って来なかった。
    xxii 彼は二度と来なくなった。　　　　　xxiii 二度と彼の消息を聞くことはなかった。
    xxiv 一つは体、もう一つは心、どちらも重要です。
    xxv 重ねて、感謝の気持ちを表します。

第12課

1. i 試合は間もなく午後に開始されるだろう。
    ii 私たちは全力を尽くしてあなたを助けるだろう。
    iii 既に真夜中近くになった。　　　　iv 我々は10年近く会っていない。
    v 苦労して努力しないと、事は成し遂げられない。
    vi 新たな１年はきっとさらによいものになるだろう。

2. i この作品は90年代後期に書かれた。　ii 中国古代文化は黄河の上流に源を発する。
   iii この校則は男子学生に限る。
   iv 今年の成長率は例年より高い。　　v この銀行の利子はあの銀行より低い。
3. i 私の家は会社からとても遠い。　　ii クリスマスまであと1週間ぐらいだ。
   iii 図書館へ行くなら、ここから真っすぐです。
   iv 明日からしっかり勉強します。
4. i 彼女はとても美しく、映画女優のようだ。　ii 彼女は子どものように喜んだ。
   iii この件は、私はどこかで聞いたことがあるようだ。
   iv 彼女はまだ知らないようだ。
5. i 天気は、ますます暑くなって来た。　ii 暮し向きが、ますますよくなる。

第13課

1. i このポストはだれでも代わりができるわけではない。
   ii 彼は仕事に厳しくて真面目だ。　　iii この文章は形ばかりで実がない。
   iv 我々は「木を見て森を見ず」ではいけない。
   v 経済状況があまりよくないので、海外留学に行けない。
   vi 彼は中国文学が好きなので、中国語を頑張って勉強している。
2. i みんなの意見に基づいて改善を行う。　ii 気象台の天気予報によると、今日は雨だ。
3. i 彼女は、とても美しいだけでなく聡明である。
   ii 我々は会っただけでなく、一緒にご飯も食べた。
   iii 今回の旅行は北京だけでなく、さらに上海にも行った。
4. i 彼の英語は素晴らしい。でも、発音はあまり正確ではない。
   ii 他のことも重要だが、まずこの件を処理しなさい。
5. i 私はあなたより背が高い。　　ii お兄さんは、弟より3つ年上だ。
   iii 私は彼より1本多く映画を見た。　iv 彼は私より勉強が好きだ。

第14課

1. i 旧正月は実家に帰って過ごすつもりだ。　ii もう仕事を探すつもりはないのですか。
2. i 仕事をきちんとしなければならない。　ii 状況をみんなにちょっと紹介しなさい。
3. i 彼女にプレゼントをあげる。　　ii 彼は私に電話番号をくれない。
   iii 彼は私にびんたを食らわせた。　iv 彼は私たちににらみをきかせる。
   v この本を私に見せなさい。　　　vi 立ってなさい。
   vii 私は彼に手紙を書く。　　　　viii 彼は私たちに歌を歌ってくれた。
   ix 私の財布は盗まれた。　　　　　x 服が雨でびしょ濡れになった。
   xi これは母が私に送ってくれたプレゼントです。
   xii あれは誰があなたに書いた手紙ですか。

第15課
1. ⅰ 彼の話はなかなか面白い。
   ⅱ このカバンはかなり軽いので、私でも持てる。
   ⅲ 彼はかなり不機嫌そうだ。
2. ⅰ やはり行かない方がよい。
   ⅱ この件は、あなたがやはり我慢して譲歩するのがよい。
3. ⅰ 無料でお芝居を鑑賞できるなんて、これは願ってもないことだわ。
   ⅱ この機会を借りて旧友を訪ねる、それもいいねぇ。
   ⅲ 私は反対というのではなく、ただちょっとよく考えるべきだと思うのです。
   ⅳ 彼は不真面目だというが、そうでもないよ。
4. ⅰ 期日通り   ⅱ 数の通り
   ⅲ 法律の通り   ⅳ 願い通り
   ⅴ 思い通り
   ⅵ 鏡のような湖水   ⅶ 乱麻のようにもつれた心
   ⅷ 兄弟のように親しい   ⅸ 牛のような勢い
5. ⅰ 北京に行くのに飛行機でもいいし列車でもいい。
   ⅱ 縁というものは巡り合うもので求めるものではない。
   ⅲ 私は何も言うべきことがない。   ⅳ この映画はやはり見るに値する。
   ⅴ 私は聞いたことはあるが、見たことはない。
   ⅵ もう60歳になったが、気持ちは若い人と同じです。
   ⅶ かわいい　喜ばしい　憎い　頼もしい　おかしい　惜しい
   ⅷ 口に合う　体に合う　気に入る　意にかなう

第16課
1. ⅰ 土曜日に行きますか、それとも日曜日に行きますか。
   ⅱ 朝食はパンを食べますか、それともご飯を食べますか。
   ⅲ 赤がいいですか、それとも白がいいですか。
2. ⅰ すでに家へ帰ったのではなかったの?
   ⅱ 彼はもともとダム建設に反対ではなかったの?
   ⅲ まさか知らないというのではあるまい。
   ⅳ まさか君まで彼が罪を犯したとでもいうのか。
3. ⅰ 彼は昨年日本へ来たのだ。   ⅱ あなた方はどうやって行ったのですか。
4. ⅰ あなたは早く彼に返信すべきだ。   ⅱ 運転する時は交通規則を守るべきだ。
   ⅲ 陰で同僚の悪口を言うべきではない。
5. ⅰ 我々は契約を結び、そして実行し始めた。
   ⅱ 今日私は身体の調子が悪い上に、残業もしなければならない。

iii 彼が最近結婚した知らせを全く知らなかった。
iv 中国株に全く興味がない。
6. i 私の見解はあなたと同じではない。　ii 大阪弁の発音は東京弁と全く異なる。
iii 中国側の合弁会社は我々と同じで、土曜日と日曜日も休む。

第17課
1. i わたしは2時間テレビを観ている。　ii 山本さんは、もうすぐしたら来ます。
2. i わたしは一度北京に行くつもりです。　ii 私から少し紹介しましょう。
3. i わたしは田舎生まれの田舎育ちです。　ii 素晴らしい未来に向かって。
   iii 彼は美しい島国の日本から来られています。
   iv この銀行の利子はあの銀行より低い。
4. i 私はちょっと出かけてきます。　ii ちょっとお金を持って来て。
   iii 話を続けて下さい。　iv 子ども達が駆け出して来た。
5. i 田中さんを見かけましたか。　ii ご飯を食べてから行こう。
   iii 私はあなたの話が分からない。　iv 彼女は言い間違えたのか。
   v 私は中国語をマスターしたい。　vi 部屋をきれいに掃除して下さい。
6. i 購入できる／購入できない　ii きれいに洗う／きれいに洗えない
   iii 食べきれる／食べきれない
   iv 履ける（着られる）　v 仕上げられる
   vi 飛びあがれる　vii 出られない
   viii 立ち上がれない　ix 優秀とはいえない
7. i 私の兄は走るのがとても速い。　ii 彼女の中国語はあまり流暢でない。
   iii 彼は日本語を話すのが少しぎこちない。　iv 彼女は字を書くのが速くてきれいだ。
   v 彼の日本語は少しぎこちない。　vi 彼女の字は速くてきれいだ。
8. i 今日は天気がすごくよい。　ii 中国はとても広いよ。
   iii 頭が痛くてたまりません。　iv 最近、忙しくて大変だ。
   v 物が高過ぎてどうしようもない。　vi 昨日は死ぬほど疲れました。
   vii 今日は昨日よりずっと暑い。　viii 彼の中国語は飛び切り上手だ。
   ix 死ぬほどうれしいわ。　x 最近、体の調子が最悪だ。

第18課
1. i いま、コーヒーを飲みたい。　ii あなたは旅行に行きたくないのですか。
   iii わたしは夏休みに北京に行きたい。
   iv 今日、少し早く会社に行きたい。／行かなければならない。
   v 妹は新しい車を（1台）買いたい。　vi 張さんは宿題をしたくない。
   vii もしあなたが花だとしたら、私は緑の葉になって、あなたの美しさを引き立てたい。

223

    viii 李さんは（自ら望んで）この仕事をしたいだろうか。
    ix 彼が行きたくないのなら、行くのをやめよう。
    x 彼女は頑張って仕事をしようとする。　xi 張さんは１人で行きたがらない。
    xii 彼女にはこんなに高いものを買うつもりがあるだろうか。
    xiii 彼女は敢えて反対する勇気があるだろうか？
    xiv 私は敢えて夜道を歩きたがらない。
    xv あなたは太っ腹なお金の使い方をするのね。
2. i 私たちはみなテニスができる。　　ii 彼女はサイトにアクセスできるようになった。
    iii 私はまだ車の運転ができない。
    iv 私の父はグルメだ。　　　　　　v 母はたいへん買い物上手だ。
    vi あなたは口がうまいですね。
    vii 明日は雨が降るでしょうか。
    viii 彼女は必ず来ると思う。
    ix 安心しなさい。そのようなことは絶対起こらないから。
    x 明日のパーティーにあなたは参加できますか。
    xi 風邪をひいた。今日はお酒を飲めない。xii 私は水泳ができる。2000m 泳げるよ。
    xiii 彼女は白酒をとてもよく飲める。　xiv あなたはたくさん食べるのね。
    xv あなたはよく喋りますね。
    xvi ここでタバコを吸っても構わない。　xvii 北京の冬はスケートができる。
    xviii １人１回に何冊の本を借りることができますか。
    xix このように考えてもよい。　　　　xx 明日みなさんは１日休んでもいいです。
    xxi あなたは私の話を聞いても聞かなくてもよい。
    xxii 私は何も言うべきことがない。
    xxiii あなたは彼の意見を多く聞くだけのことはある。
    xxiv 北京に行って長城を観光するだけの値打ちはある。
3. i 我々はすぐに出発しなければならない。そうでなければ間に合わない。
    ii 明日私は早起きしなければならない。
    iii 急がなくてもよい。私の家から駅まで２分もかからないから。
    iv 学生はちゃんと勉強すべきだ。　　v この事はよく考えてから決めるべきだ。
    vi きみは遅刻すべきではない。
    vii 中国語の学習はたくさん聞いて、話して、質問することだ。
    viii みんな互いに気配りして学習する。　ix してはならない事は絶対してはいけない。

第19課

1. i あの人は今日もまた来た。　　　ii 昨日残業して、今日もまた残業した。
    iii 今日もまた雨だ。

ⅳ 本当に早い、明日はまた土曜日だ。　　ⅴ 三連休は終わって、今日からまた仕事だ。
ⅵ 私はまた旅行に行きたくなった。
ⅶ すみません！　明日また来て下さい。　　ⅷ その後、彼女は来ていない。
ⅸ あの件は、後日また話そう。
ⅹ もう何回も言ったのに、まだ言うの？　　ⅺ 私はまだ言い足りないよ。
ⅻ まだ知らなかったの、彼女も社長だよ。

第20課

在	弟さんはどこにお勤めですか。／彼は6歳ですでに英語を話せました。
和	彼はわたしと話し合いました。／李さんは田中さんと旅行に行きました。
同	わたしはみんなと友達になりたいのです。
対	皆さんに対して責任を負わなければなりません。／この問題についてわたしは意見を言わない。
就	我々は具体的なことに基づいて論じるべきだ。／みなさんはこの問題についていろいろ意見を述べました。
到	彼は会社までわたしを訪ねてきた。／会議は何時で終わりますか。
比	彼はわたしより少し年上です。
従	彼は北のほうから来た。／仕事は何時から始まりますか。
離	郵便局は銀行からあまり遠くない。／旧正月まであと1ヶ月あまりあります。
由	飛行機は北から南へ飛んでいった。 塩は海水から抽出して作られたものだ この事故は不注意から引き起こしたものだ。 次は王課長から状況を紹介してもらう。
往	彼女たちは東のほうへ行きました。
朝	彼はわたしに会釈してくれた。
向	主人（家内）があなたによろしくとのことです。／この問題はやはり先生に訊いてみましょう。
対于	この問題に、あなたは真剣に対応しなければならない。
关于	この方面の問題については、後日改めて話しましょうか。
用	クレジットカードで支払う。／2時間ですぐ書き上げられる。／鉄筋で造られたビル。
把	仕事をやり終えました。
将	この件をはっきり説明しなければなりません。
按	男女別によって組分けする。
按照	関係する政策に基づいて処理しましょう。
被	自転車は王さんに借りて行かれました。（王さんは自転車を借りて行きました。）／あの本は中国語に翻訳されました。

让	パソコンは弟に持って行かれました。（弟はパソコンを持って行きました。）／課長から残業するように言われました。
叫	帽子は風に吹き飛ばされた。／彼から辞書を持参するように言われました。
给	友達にちょっと電話をする。
	妹は母に叱られました。
据	テレビの紹介によると、この商品の売れ行きはとてもよいそうです。
根据	役員会の意見によって決める。
为	会社の発展のために乾杯しよう。
	夢を実現するために努力する。
	些細なことで起こるな。
为了	お母さんのためならなんでもする。
	彼女たちは仕事のことで喧嘩している。
由于	天候が原因で、飛行機が離陸できない。
因为	人が多すぎたため、彼と話ができませんでした。

◆ 各課の練習問題　解答（例）

第1課
A. 1. 你怎么了？　　　　　2. 麻烦你了。　　　　　3. 那么，我们回头见。
C. 1. 你怎么了？　　　　　2. 请你帮我转告一下，好吗？
　 3. 开车时要注意点儿安全。
D. 1. 那么，回头见。　　　2. 部长现在在开会。
　 3. 请你帮我拿一下行李，好吗？

第2課
A. 1. 大家早！　　　　　　2. 他是我们公司的总经理。
　 3. 我们开会吧！
C. 1. 每天都这么早就到。　2. 我不知他工作怎么样了？
　 3. 早晨的工作会议开始吧。
D. 1. 张先生（张小姐），你早！
　 2. 他今天吃了很多。　　3. 班里的人都来了吗？

第3課
A. 1. 工作安排　　　　　　2. 我们有几个问题。　　3. 请你在会议上汇报一下。
C. 1. 有两件事要向大家通报一下。
　 2. 人事部负责招聘既懂外语又有专业技术的人才。
　 3. 此事还需与财务部进一步协商一下。
D. 1. 现在开始报告会。　　2. 总经理下个月将来中国。
　 3. 我们与中国企业合作并进行研发工作。

第4課
A. 1. 请稍等。　　　　　　2. 让您久等了。　　　　3. 请你跟科长商量一下吧。
C. 1. 有几个问题还想跟您再商量一下。　　2. 能否告诉我一下您的电话号码？
　 3. 等他回来，我们一起去吧。
D. 1. 对不起，总经理不在。　2. 我是技术部的李晓星。　3. 能否告诉我你的姓名？

第5課
A. 1. 承蒙关照。　　　　　2. 没问题。　　　　　　3. 你周末有没有时间？
C. 1. 上次拜访贵公司时，承蒙关照。
　 2. 完事后一起吃个饭怎么样？　　3. 我们还可以进一步加深交流嘛。
D. 1. 请下星期一下午两点左右过来吧。　2. 按总经理的指示办。

227

3. 这儿可以抽烟。

第6課
A. 1. 欢迎光临！ 2. 初次见面，我姓山本。 3. 请多关照。
C. 1. 请您把上次谈的合同确认一下。 2. 久仰大名，今日幸会，不胜荣幸。
3. 不知合不合你的口味。
D. 1. 这是有名的中国土特产。 2. 上次我们谈得很顺利。
3. 谢谢你们百忙之中光临敝公司。

第7課
A. 1. 我喜欢看书和体育运动。 2. 我在大阪的百货商店工作。
3. 什么时候可以上班？
C. 1. 我一直在销售部工作。 2. 将来开一家与日本做贸易的公司。
3. 大概需要一周左右吧。
D. 1. 我在大学学的是经济学。 2. 明天我会跟你联系。
3. 我想参加贵公司的面试。

第8課
A. 1. 今天打扰您了。 2. 我的汉语水平还差得远呢。
3. 请多多指教。
C. 1. 哪里，还差得远呢。 2. 请您多多指教。
3. 他专门负责贵公司的业务。
D. 1. 我对中国历史很熟悉。 2. 这个商品很受消费者的欢迎。
3. 谢谢您的夸奖。／不好意思。

第9課
A. 1. 那就拜托了。 2. 你能不能便宜一点？
3. 您需要我给您安排酒店吗？
C. 1. 有什么需要我做的吗？ 2. 这会给本公司带来什么利益？
3. 司机去您家接您去机场。
D. 1. 请您订一间单人房。 2. 请叫他马上给我回电。 3. 我想去中国与朋友见面。

第10課
A. 1. 下班时间到了。 2. 入乡随俗 3. 今天我请客。
C. 1. 与其早起做盒饭还不如在外面吃或者订盒饭省事。
2. 明天中午我请客，去外面吃吧。

3. 听说日本男人除了自己的女朋友以外，都是ＡＡ制。
D. 1. 请别忘了做作业。　　2. 在日本一般都是ＡＡ制。
3. 听说她在美国住过。

第11課

A. 1. 糟糕了！　　　　　　2. 我走了。　　　　　　3. 他听不懂汉语。
C. 1. 今天从日本来的客人几点到浦东机场？
2. 慢慢吃饭的话，就来不及接机了。
3. 通过这种机会能够不断提高翻译的水平。
D. 1. 我每天早上八点半到公司。　　2. 从我家到公司至少得一个小时左右。
3. 我先走了。——今天你干得不错！辛苦了。

第12課

A. 1. 请您稍微休息一下吧。　2. 你不用付小费。　　3. 请您填一下这张申请表。
C. 1. 先办好入住手续，在房间里稍微休息一下吧。
2. 在酒店的服务台就可以换。　　3. 除了英语以外好像日语也通用。
D. 1. 我家离车站很远。　　2. 请告诉我你的房间号码。
3. 如果换钱的话，在机场的银行就可以换。

第13課

A. 1. 我们签约委托加工的生产线。　　2. 百分之五十是中国人。
3. 你愿意加班吗？
C. 1. 欢迎诸位远道而来参观我们工厂。　　2. 我们还受到消费者的欢迎。
3. 诸位好像还有许多事要问。
D. 1. 中国的产品比日本的便宜。　　2. 欢迎诸位来参观我们工厂。
3. 与海外企业（外资企业）有合作关系吗？

第14課

A. 1. 我要跟他们公司打交道。　　2. 这是适合中国消费者口味的产品。
3. 希望我们能合作成功。
C. 1. 我们既可减少中间手续费，又可降低成本。
2. 我们准备将日本的产品销售到中国来。　　3. 回去后马上就传给您。
D. 1. 请介绍一下贵公司的产品吧。
2. 这种服务既不需要手续费，价格又便宜。
3. 待跟上司汇报后，再跟贵公司联系。

第15課
A. 1. 这次给您添麻烦了,十分抱歉。 2. 您看怎么办好?
3. 我可以马上安排。
C. 1. 日本的客户对质量的要求是挺严的。 2. 我们无法投入生产啊。
3. 我们在检查时发现不合格品。
D. 1. 是这样的,在检查时发现了大问题。 2. 这个产品无法出货。
3. 我们公司保证质量。

第16課
A. 1. 我想确认合同书。 2. 这怎么可能呢?
3. 你就催一下吧。
C. 1. 你想确认的是人民币帐户还是美元帐户?
2. 汇款期限不是都在合同书上签好了吗?
3. 中国的财务监察体制与日本不一样。
D. 1. 请在合同书上签一下。 2. 拖欠汇款的事是常有的。
3. 中国与日本的生活习惯不一样。

第17課
A. 1. 我来说明一下生产计划。
2. 我们必须不断地努力。 3. 请各位研究一下。
C. 1. 现今的中国市场商品寿命越来越短。
2. 我们不断地推出新产品。
3. 我们公司的产品还有很大的潜力。
D. 1. 在消费者之间反应不错。
2. 我公司今年的纯利润减少了百分之五。
3. 我们公司先于其他公司推出新产品。

第18課
A. 1. 请您过一下目。 2. 各位来宾,晚上好!
3. 我们的纪念庆典现在开始!
C. 1. 为招待会增加气氛,我们安排了民族音乐表演。
2. ××公司成立二十周年纪念招待会现在开始。
3. 首先感谢各位在百忙之中光临敝公司的招待会。
D. 1. 请总经理讲几句话。 2. 翻译就地取材,就让张先生担任吧。
3. 我看合资方的经营情况,还行。

第19課
A. 1. 祝您生日快乐！   2. 来，为您的健康、事业成功，干杯！
   3. 谢谢今晚的热情款待。
C. 1. 我衷心感谢大家在百忙之中抽出时间参加敝公司的不成敬意的便宴。
   2. 今天承蒙如此的盛宴款待，真是过意不去。
   3. 我们不仅要保持良好的人际关系，还希望继续扩展合作领域。
D. 1. 我跟中国朋友已有十年以上的交往了。
   2. 我向大家表示衷心的祝贺。   3. 我点的麻婆豆腐上来了。

第20課
A. 1. 今天我请客，走吧！   2. 你别客气，随便点吧。
   3. 今年你们辛苦了！
C. 1. 今天的工作终于完事了。   2. 今天我们应该AA制。
   3. 在中国把日本的"忘年会"说成"望年会"。
D. 1. 请你下次让我请客。   2. 能轻松一下就好。   3. 唱歌也好，跳舞也好。

231

各課の主な文法事項と呼応関係表現索引

中国語の文法表現	日本語	学習課
「是」を用いる動詞述語文	～は……である（……です／……だ）	第1課
副詞「在+動詞」	～している	第1課
前置詞「在+場所+動詞」	～で	第1課
疑問詞「怎么」	どう、どのように／なぜ、どうして	第1課
アスペクト助詞「了」	～した、～していた、～している、～したら	第1課
語気助詞「了」	～になった	第1課
接続詞「因为」	～ので、～だから	第1課
動詞+「一会儿」（時量補語）	ほんのしばらくの間～する （時量補語）第17課文法コラム参照	第1課
動詞+「一下儿」（動量補語）	ちょっとだけ～する （動量補語）第17課文法コラム参照	第1課
「这么（那么）」+形容詞	このように、こんなにも	第2課
「这么（那么）」+動詞	このように（そのように）	第2課
語気助詞「吧」	～ましょう、～でしょう、～しなさい	第2課
说～就……	～と言ったら、すぐ……	第2課
助動詞「要」	～したい、～しなければならない、 ～しそうだ、間もなく・もうすぐ～する	第3課
前置詞「关于」	～に関して、～について、～に関する、 ～についての	第3課
前置詞「为」と「为了」	～のために、～が原因で、～のせいで	第3課
既～又……	～でもあれば……でもある、 ～の上に……だ	第3課
前置詞「与」	～と、～と共に、～に対して	第3課
方向補語	～してくる、～していく	第4課
「让」+動詞（兼語文）	～させる	第4課
アスペクト助詞「过」	～したことがある	第4課
疑問詞「多少」と「几」	いくつ～	第4課
前置詞「跟」	～と、～に、～のあとについて	第4課
前置詞「给」	～に、～のために	第4課、第14課
前置詞「按」	～に基づいて、～に準じて、～に応じて	第5課
連動文	～して、～する、～しにいく、～しにくる	第5課
助動詞「可以」	～できる、～してもよい、～する価値がある	第5課
結果補語		第6課、第17課

中国語の文法表現	日本語	学習課
様態補語「得」	～することが、……の（状態）である	第6課、第17課
前置詞「把」	～を	第6課
助動詞「能」	～できる	第6課
「先」+動詞～ 「然后」+動詞……	～してから……する	第7課
動詞文+（疑問表現）？	～してよろしいですか、～でよいですか、 ～はどうですか、～は如何ですか	第7課
疑問詞+～吗？	～か……か	第7課
接続詞「比如」	例えば～	第7課
以～为……	～を……とする、～を……とみなす	第7課
如果～的话，（就）……	もし～ならば……	第7課
前置詞「対」	～に向かって、～に対して、～について	第8課
前置詞「从」	～から、～より、～を	第8課
从～向（到／往）……	動詞+介詞（前置詞）+名詞 ～から……へ（……する）	第8課
離合詞		第9課
アスペクト助詞「着」	～している、～してある	第9課
「叫」+動詞	～させる	第9課
「別」+動詞文	～するな	第10課
「別」+動詞文+「了」	もう～しないで、もう～するな	第10課
与其～不如……	～よりも……のほうがましである	第10課
又～又……	～であり、……でもある、 ～したり、……したりする	第10課
除了～以外……	～を除いて、～するほか、～以外	第10課
副詞「可」	とても～、ついに～、ぜひ～	第10課
助動詞「得(děi)」	～しなければならない、～せざるをえない	第11課
可能補語 動詞+得(de)+結果補語 動詞+得(de)+方向補語 動詞+不+結果補語 動詞+不+方向補語	～できる、～しうる ～できない、～しえない	第11課、第17課
「怕」+動詞文・形容詞文	心配する、気にかかる、恐れる、嫌う、 怖い、～が苦手、たぶん～かもしれない	第11課
通过～	～を通じて、～を通して、～によって	第11課
再～就・都	～以上……したら	第11課

中国語の文法表現	日本語	学習課
再～也・还是	たとえ～しても、どんなに～しても、 ～に（なって）それから、～してから	第11課
比+再+形容詞	～より更に（もっと）……	第11課
不+再+動詞	もう～しない、二度と～しない	第11課
再+也不+動詞	もう～しない、二度と～しない	第11課
前置詞連合補語「于」	～に、～にて、～より	第12課
前置詞「离」	～から、～まで	第12課
好象～似的／一样	まるで～のようだ	第12課
「越来越」+形容詞	ますます～	第12課
接続詞「而」	～しかも……、～そして……、 ～かつ……、～けれども……、 ～しかし……、～が……、 ～ために……、～ので……	第13課
前置詞「根据」	～によれば……、～に基づいて	第13課
不仅～而且／还……	～ばかりでなく、 ～ばかりか……さらに（も）、 ～ばかりか……さえ	第13課
接続詞「不过」	ただし～、ただ～、～でも……	第13課
比較を表す「比」	AはBより～である、 AはBより～する／～した	第13課
「准备」+動詞文	～する予定だ、～する用意がある、 ～するつもりだ	第14課
前置詞「将」（=「把」）	～を	第14課
～为好	～のほうがよい、～をよしとする	第15課
「如」+一文字名詞	～のとおりに、～のごとくである、 ～のようである、～と同じである	第15課
助動詞「可」+動詞文	～できる、～してよい、～する値打ちがある、 ～するだけのことはある、～すべきである	第15課
接続詞「可」	～だけれども、～というのに、～なのに	第15課
「可」+動詞（単音節）	形容詞を作る	第15課
「可」+名詞（単音節）	動詞を作る	第15課
是～，还是……	～か、それとも……か	第16課
不是～吗？	～ではないか、～じゃないか	第16課
难道～吗？	まさか～ではあるまい、～とでもいうのか	第16課
是～的。	～なのだ、～したのだ	第16課
助動詞「应该」「应+動詞」	～しなければならない、～するべきである	第16課

中国語の文法表現	日本語	学習課
接続詞「并（并且）」	その上〜、そして〜、また〜	第16課
与〜一样／不一样	〜と同じ／〜と異なる	第16課
補語のまとめ		第17課
願望・意欲を表す助動詞 想／要／愿意／肯／敢	〜したい、〜したがる／ 〜（たいへん）したい、〜しようとする／ 〜したいと思う	第18課
可能を表す助動詞 会／能／可以	〜できる、〜するのが得意である、 必ず〜はずだ、きっと〜だろう／ 〜できる／〜してもよい、〜しても構わない、 〜する値打ちがある、 〜するだけのことはある	第18課
当為を表す助動詞 得（děi）／应该（应／该）／要	〜しなければならない、〜すべきだ	第18課
「又／再／还」の使い分け	また〜、〜もまた、まだ、なお、さらに〜	第19課
常用前置詞		第20課

あとがき

　本書の製作にあたっては、東方書店ご担当者の家本様と何度も意見を交換し、現場の雰囲気が感じられるよりよい本を作るために細かな修正、校正作業を重ねた。折に触れて、いつも的確なアドバイスを下さった川崎様、家本様をはじめとする東方書店の関係各位ならびに見識の高い校正コメントを下さった木曜舎の加藤様にも深い感謝の意を表したい。そして、毎日の勤務で忙しい中、数多くのイラストを描いて下さった眞榮田なほみさん、遠くカナダの地からインターネットを通じて私の拙い英単語翻訳をチェックして下さったポールさんにも、改めてお礼申し上げる。

　みなさんのご協力があってこの度出版できた本書は、ビジネス中国語が必要な一部分を紹介したにすぎず、全てを網羅できているわけではない。中国語で商売やビジネス取引のことを"生意(shēngyi)"というように、ビジネスは一種の生き物のようなものなのかもしれない。それゆえに、変化も激しく専門性も深いので、本書では語りつくせなかったことも多々あるかと思う。ビジネス中国語の世界は、まさに、"学海无涯(xuéhǎi wúyá)"である。

　最後に、現役のビジネスマンのみなさん、そして、将来日中両国のかけ橋となる学生のみなさんが、いつか現場で中国と向き合われる時に、本書が少しでもお役に立つことができればこの上なく光栄である。読者のみなさんに現場の雰囲気を少しでも身近に感じて頂ければ幸いである。

2011 年 10 月
著　者

【著者略歴】
北原　恵（きたはら　めぐみ）
大阪外国語大学（現大阪大学外国語学部）後期博士課程修了。中国人経営の現地会社で勤務後、大学院で中国研究に携わる。在上海日本国総領事館にて外務省専門調査員として勤務（2001年〜2003年）。日本の大手メーカーで中国及び台湾関係の業務に従事後、現在は主に観光ならびに教育分野で中国語の通訳翻訳者として活動中。元大学非常勤講師（中国語担当）、元日本ビジネス中国語学会理事、全国通訳案内士（中国語）、地域通訳案内士（英語）。
〔主な著書・翻訳書〕『憤れる白い鳩——二十世紀台湾を生きて』（翻訳、明石書店）、絵本『四本の木』（翻訳協力、子どものレジリエンス研究会）

韓　軍（かん　ぐん）
中国大連外国語大学日本語学部卒業、大連外国語大学助手、南京師範大学外国語学部専任講師を経て、1989年来日。奈良教育大学大学院修士課程修了（国語教育）。日本企業で日中貿易業務に従事。現在、京都大学、同志社大学等で中国語を教える。
〔主な著書・翻訳書〕『体感中国　初級からのステップアップ』（同学社）、『浄瑠璃的世界』（翻訳／文化藝術出版社）ほか多数

【製作協力者】
Paul Sinclair（ポール・シンクレア）
大阪外国語大学（現大阪大学外国語学部）後期博士課程修了、University of Alberta で MBA を取得。台北銘伝大学助教授、台北県政府渉外顧問。現在は、University of Regina の商学部で communications 論を研究中。専門分野は、中国研究、英語教育など。

イラスト：眞榮田なほみ
校正協力：加藤浩志（木曜舎）
CD録音　：陳浩、魯大鳴、張曄

ビジネス現場の中国語
げんば　　ちゅうごくご

2011年11月10日　初版第1刷発行
2024年 2月 1日　初版第4刷発行

著　者●北原恵・韓軍
発行者●間宮伸典
発行所●株式会社東方書店
　　　　東京都千代田区神田神保町1-3　〒101-0051
　　　　電話(03)3294-1001　営業電話(03)3937-0300
装　幀●堀　博
印刷・製本●倉敷印刷

※定価はカバーに表示してあります

©2011　北原恵・韓軍　　Printed in Japan
ISBN978-4-497-21107-1 C3087

乱丁・落丁本はお取り替え致します。恐れ入りますが直接本社へご郵送ください。
R本書を無断で複写複製（コピー）することは、著作権法上での例外を除き、禁じられています。本書をコピーされる場合は、事前に日本複製権センター（JRRC）の許諾を受けてください。
JRRC〈http://www.jrrc.or.jp　Eメール：info@jrrc.or.jp　電話：03-3401-2382〉

小社ホームページ〈中国・本の情報館〉で小社出版物のご案内をしております。
https://www.toho-shoten.co.jp/

好評発売中
＊価格10%税込

東方中国語辞典

相原茂・荒川清秀・大川完三郎主編／中国人の頭の中を辞書にする！付録も満載、学習やビジネスに威力を発揮する中国語辞典。
……四六判2120頁◎税込5500円（本体5000円）978-4-497-20312-0

中国語文法用例辞典
《現代漢語八百詞 増訂本》日本語版

牛島徳次・菱沼透監訳／《現代漢語八百詞》増訂本（商務印書館、1995）を完訳。大幅な加筆修正を行い、収録語は全部で約1000語に。
………四六判608頁◎税込5280円（本体4800円）978-4-497-20303-8

やさしくくわしい
中国語文法の基礎
改訂新版

守屋宏則・李軼倫著／充実した検索機能など、旧版の長所はそのままに、例文を全面的に見直し、解説もアップデート。
……… A5判380頁◎税込2640円（本体2400円）978-4-497-21918-3

文章力をワンランク上げる
中国語接続詞用法辞典

劒重依子・木山愛莉・喬秦寧編著／接続詞200個を厳選。例文を多く収録し、実例からニュアンスや使い方をマスターできるようにしている。…四六判480頁◎税込2970円（本体2700円）978-4-497-22306-7

東方書店ホームページ〈中国・本の情報館〉https://www.toho-shoten.co.jp/